山西省软科学研究计划项目（2018041068-5）资助

管理者过度自信对
企业技术多元化的影响研究

A Study on the Relationship between Managerial
Overconfidence and Corporate Technological
Diversification

史 敏／著

图书在版编目（CIP）数据

管理者过度自信对企业技术多元化的影响研究/史敏著. —北京：经济管理出版社，2021.2
ISBN 978-7-5096-7787-2

Ⅰ.①管… Ⅱ.①史… Ⅲ.①企业管理—技术革新—研究—中国 Ⅳ.①F279.23

中国版本图书馆 CIP 数据核字（2021）第 038708 号

组稿编辑：郭丽娟
责任编辑：赵天宇
责任印制：黄章平
责任校对：董杉珊

出版发行：经济管理出版社
（北京市海淀区北蜂窝 8 号中雅大厦 A 座 11 层 100038）
网　　址：www.E-mp.com.cn
电　　话：（010）51915602
印　　刷：唐山玺诚印务有限公司
经　　销：新华书店
开　　本：710mm×1000mm/16
印　　张：10.25
字　　数：190 千字
版　　次：2021 年 4 月第 1 版　2021 年 4 月第 1 次印刷
书　　号：ISBN 978-7-5096-7787-2
定　　价：68.00 元

·版权所有　翻印必究·
凡购本社图书，如有印装错误，由本社读者服务部负责调换。
联系地址：北京阜外月坛北小街 2 号
电　　话：（010）68022974　邮编：100836

序

我国于 2015 年 5 月下发纲领性文件《中国制造 2025》，其中第一要务就是强化企业技术创新主体地位，支持企业提升创新能力，推动"中国智造"。经过几十年的积累，中国制造业企业技术实力和创新能力逐步提高。然而在前沿技术不断升级，市场需求和供应均日趋多样化、定制化以及动态多变的今天，我国制造业企业已不再可能以单一的核心技术获得成功，而需要建立起一个数量和分布都比较合理的多样化技术体系。因此，探讨如何推进企业技术多元化战略、提高企业技术多元化水平则成为一个重要的问题，本书正是对这一问题的有益探索。

从 20 世纪 90 年代开始，随着基于专利数据统计的定量分析方法的兴起，越来越多的学者开展了企业技术多元化的实证研究，其中探讨最多的就是技术多元化对企业财务绩效的影响。这一领域的研究已基本达成统一结论，企业技术多元化对财务绩效具有正向或倒 U 形影响，由此引出两个问题：其一，如何提高企业技术多元化；其二，如何将技术多元化水平控制在最佳区间，从而获得峰值的财务绩效。为了解答这两个问题，本书基于高阶梯队理论、熊彼特企业家创新模型、企业动态能力理论，探讨高层管理者的一种心理特征——管理者过度自信对企业技术多元化战略的影响，技术创新投入在其中发挥的中介作用，董事会结构（两职分离和独立董事比例）的内部治理调节效应，以及环境动态性的外部情境调节效应。

本书共包括六章，各章内容简要介绍如下：

第一章绪论，回顾研究的现实背景和理论背景，提出研究问题，构建研究模型，对重要研究变量进行概念界定，介绍研究的技术方法路线、研究方法和主要创新点。

第二章文献综述，系统梳理有限理性假设、高阶梯队理论、企业动态能力理论等相关的理论基础，以及企业技术多元化、管理者过度自信等变量的内涵和测量方法，回顾企业技术多元化、管理者过度自信、董事会结构、环境动态性各领域与本书选题相关的实证研究，从而总结出本书的推论二、推论三。

第三章研究假设，基于高阶梯队理论、Schumpeter 企业家创新模型、管理者过度自信的心理机制、企业动态能力理论，以及本书根据相关理论和已有文献研究结论得出的三个推论，通过逻辑演绎提出七个研究假设。

第四章实证研究设计，基于企业已授权发明专利数据来衡量技术多元化水平，对实证研究的研究期间、研究样本、变量测量方法、计量模型均进行了科学合理的设计。

第五章实证研究分析，通过描述性统计分析、相关性分析和多元层次回归分析实证检验研究假设，并考虑多种情形开展了丰富的稳健性检验，获得较为稳健可靠的研究结论。

第六章结论与讨论，系统梳理本书研究过程，将实证分析结果进行总结，形成研究结论，探讨研究的理论贡献，基于研究结论对企业实践提出有益的管理启示，最后指出研究的不足之处，并对未来研究提出建议。

本书的主要特点之一：首次将行为经济学的理论和概念引入企业技术多元化的前因研究领域。虽然已有文献从多个角度探讨了企业技术多元化的前因影响因素，但却几乎没有研究从战略决策者心理特征或人口统计学特征的视角开展分析。本书基于有效理性假设，根据高阶梯队理论，较为系统地构建了管理者过度自信这一高层管理者心理特征对企业技术多元化战略的影响研究模型，包括中介机制和内外部调节效应的探讨。

本书的主要特点之二：创造性地将管理者过度自信的心理机制与企业家精神的特征进行对比研究，得出管理者过度自信与企业家精神具有相似的心理本质，过度自信的管理者通常具有企业家精神的推论（本书推论一），突破了一直以来大部分学术研究所秉持的管理者过度自信在企业投资、并购和多元化领域的"非效率"假定，有力地支持了过度自信管理者在企业技术创新领域所发挥的积极影响。

本书是笔者在其博士论文基础上修改完善而成的，是其攻读博士期间学习成果的集中体现。全书观点明确、脉络清晰、内容翔实、方法严谨得当，具有较高的理论价值和实践指导价值。

本书在出版过程中，得到了经济管理出版社杨国强老师、赵天宇老师等工作人员的大力支持与帮助，在此表示真诚的感谢；本书参考了大量相关的论文、著作，在此向各位作者表示由衷的感谢；本书以笔者的博士论文为基础，在此向母校南京大学，以及耿修林教授、杨忠教授、贾良定教授、茅宁教授、张正堂教授等师长表示诚挚的感谢；本书的出版离不开家人无私的支持和关怀，在此表示特别的感谢；最后，感谢中北大学经济与管理学院的资助，使得本书得以顺利出版。

由于笔者的经验与水平有限，书中错误和不足之处在所难免，恳请广大读者批评指正。

史　敏

2020 年 4 月

目 录

第一章 绪论 ... 1

第一节 研究背景与研究意义 ... 1
一、现实背景 ... 1
二、理论背景 ... 3
三、研究意义 ... 5

第二节 研究问题 ... 5
一、管理者过度自信对企业技术多元化的影响及机制 ... 5
二、董事会结构的调节效应 ... 7
三、环境动态性的调节效应 ... 8

第三节 基本概念界定 ... 9
一、企业技术多元化 ... 9
二、管理者过度自信 ... 9

第四节 研究技术路线与研究方法 ... 10
一、研究技术路线 ... 10
二、研究方法 ... 12

第五节 研究的主要创新 ... 14

第六节 章节安排 ... 15

第二章 文献综述 ... 17

第一节 企业技术多元化文献综述 ... 17
一、技术创新相关理论 ... 17
二、技术多元化的概念 ... 19
三、技术多元化的测量 ... 21
四、企业技术多元化对财务绩效的影响研究回顾 ... 25
五、企业技术多元化的影响因素研究回顾 ... 31

第二节 管理者过度自信文献综述 ... 34
一、有限理性假设 ... 35
二、高阶梯队理论 ... 36

三、管理者过度自信的内涵与来源 ·· 40
四、管理者过度自信的衡量方法回顾 ·· 44
五、相关实证研究回顾及过度自信管理者决策偏好的推出 ············ 54
第三节 董事会结构的理论与文献回顾 ·· 60
一、代理理论与管家理论的不同观点 ·· 60
二、董事会结构对过度自信管理者决策的治理效应回顾 ············· 61
第四节 环境动态性文献综述 ·· 63
一、动态能力理论 ·· 63
二、环境动态性的内涵 ·· 64
三、环境动态性在企业技术创新研究中的调节效应文献回顾 ······ 65
第五节 本章小结 ··· 66

第三章 研究假设 ·· 68
第一节 管理者过度自信对企业技术多元化的影响 ··························· 68
一、基于高阶梯队理论和Schumpeter企业家创新模型的分析 ····· 68
二、基于过度自信管理者决策偏好的分析 ·································· 71
第二节 企业技术创新投入的中介作用 ··· 72
一、管理者过度自信对技术创新投入的影响 ······························ 73
二、企业技术创新投入对技术多元化的影响 ······························ 73
第三节 董事会结构的调节作用 ··· 74
第四节 环境动态性的调节作用 ··· 77
第五节 本章小结 ··· 79

第四章 实证研究设计 ··· 80
第一节 样本选择与数据来源 ··· 80
一、样本研究期间的确定 ··· 80
二、样本公司的筛选 ·· 80
三、数据来源 ··· 82
第二节 变量测量 ··· 83
一、因变量：技术多元化（TD） ·· 83
二、自变量：管理者过度自信（OC） ·· 84
三、中介变量 ··· 85
四、调节变量 ··· 85
五、控制变量 ··· 86

第三节　模型设计 …………………………………………… 87
　　第四节　本章小结 …………………………………………… 89

第五章　实证研究分析 …………………………………………… 90
　　第一节　变量的描述性统计 ………………………………… 90
　　第二节　变量的相关性分析 ………………………………… 92
　　第三节　多元层次回归分析 ………………………………… 94
　　第四节　稳健性检验 ………………………………………… 100
　　　一、变量测量方法更换 ………………………………… 100
　　　二、剔除 CEO 变更的观测值 ………………………… 104
　　　三、改变样本研究期间 ………………………………… 112
　　第五节　本章小结 …………………………………………… 119

第六章　结论与讨论 ……………………………………………… 121
　　第一节　研究总结与研究结论 ……………………………… 121
　　　一、研究总结 …………………………………………… 121
　　　二、研究结论 …………………………………………… 122
　　第二节　理论贡献 …………………………………………… 124
　　第三节　管理实践启示 ……………………………………… 126
　　第四节　研究的不足与未来展望 …………………………… 127
　　第五节　本章小结 …………………………………………… 128

参考文献 …………………………………………………………… 129

第一章 绪 论

第一节 研究背景与研究意义

一、现实背景

自 Romer（罗默）提出内生增长理论以来，技术创新日渐成为经济学领域的重要议题，越来越多的学者认同技术创新是经济增长的长期动力，后续提出的经济增长理论也大多以此为基础，从人力资本积累、知识溢出、技术扩散、规模效应等角度来解释长期的经济增长。在现实层面，从第一次工业革命开始，技术创新在改造世界和影响经济方面所发挥的作用越来越重要，速度也越来越快。近年来，全球几大经济强国将制造业发展提升到了更高的战略层面，如美国面对其国内制造业空心化问题，提出了"再工业化"战略规划，制造业强国德国于 2013 年正式提出风靡全球的"工业 4.0"的概念，以进一步推动其制造业的升级发展。在一国经济体系中，企业承担着推动技术进步的核心角色。为了更好地指导我国制造业企业应对环境变化、促进良性发展，我国于 2015 年 5 月下发纲领性文件《中国制造 2025》，其中第一要务就是强化企业技术创新主体地位，支持企业提升创新能力，推动"中国智造"。我国企业在历经从引进技术、消化吸收、二次创新，到自主创新一系列创新变革的过程中，技术实力和创新能力逐步提高。在前沿技术不断升级，消费者需求逐渐个性化、定制化、复杂化的动态环境下，企业的技术创新必然会步入多元化发展的阶段。

技术多元化表现为企业的技术知识和技术能力在某一时点的多样性，代表着企业的技术创新活动涉及多个不同的技术领域。现实经营中，企业会为产品的研发、升级和生产工艺优化不断投入技术资源，同时也常常开展超前的技术能力储备以谋取长期竞争优势，这些技术创新活动都可能导致企业的技术知识领域扩大，形成多样化的技术能力。虽然行业中绩效最佳的领先企业往往聚焦于核心业务，但却通常拥有范围较广的技术知识和技术能力，这有助于他们持续推出更先进的产品，保持其竞争优势（Garcia-Vega，2006）。从 20 世纪 80 年代开始，企业技术多元化就逐渐成为日本、英国、瑞典、美国等许多制造业强国一个普遍的企业技术现象。我国制造业企业经过几十年的积累，进入 21 世纪以后呈现出蓬勃的发展势头，海尔、华为、联想、中兴等老牌制造业企业走出国门,成为具有全球影响力的跨国公司,小米、格力等制造业新生力量在国内市场快速成长起来,占据着重要的市场份额。商品市场的繁荣背后必然依靠技术创新能力的支撑,在市场需求和供应均日趋个性化、多样化、定制化、复杂化以及动态多变的今天,我国制造业企业必然不再可能以单一的核心技术获得成功,而需要建立起一个数量和分布都比较合理的多样化技术体系,基于多样化的技术知识和技术能力,一方面促进产品的不断创新和升级换代,另一方面进行超前的技术储备,从而谋求更加广阔的发展空间。

专利是企业技术创新的一种重要产出,其中发明专利的拥有量最能体现企业的技术创新能力。根据我国国家知识产权局工作统计数据,2016 年,该局共受理发明专利申请 133.9 万件,同比增长 21.5%,连续 6 年位居世界首位,截至 2016 年底,我国国内发明专利拥有量达到 110.3 万件,首次突破 100 万件,成为继美国和日本之后,世界上第三个国内发明专利拥有量超过百万件的国家。基于我国企业技术创新实力的日益提升,2016 年,国家知识产权局将具有比较显著的专利优势,在市场竞争中依赖技术创新和知识产权获取竞争优势的八大产业编制为《专利密集型产业目录(2016)》,具体包括生物医药、智能制造装备、现代交通装备、信息基础、软件和信息技术服务业、新型功能材料、资源循环利用、高效节能环保。如图 1-1 所示,专利密集型产业的研发经费投入强度显著高于非专利密集型产业,并且领先优势逐渐扩大。图 1-2 展示了新产品销售收入占主营业务收入的比重,可见专利密集型产业约为非专利密集型产业的 2.5 倍,说明专利密集型产业的产品创新

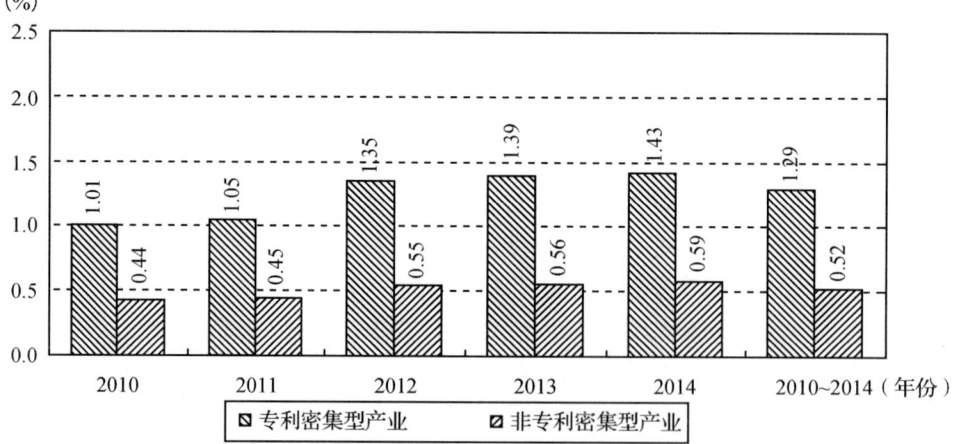

图 1-1 研发经费投入强度动态比较

资料来源:中国专利密集型产业主要统计数据报告(2015)。

对整个销售收入的贡献程度更大。综上可知，专利密集型产业是我国制造业中技术创新投入最多、技术创新产出最丰富和技术创新能力最强的产业集合，因此，考察专利密集型产业中企业的技术创新现象和能力，具体而言，探讨专利密集型企业技术多元化发展状况和影响技术多元化战略决策的因素，从而为专利密集型企业科学有效地推进技术多元化战略提供有益的建议，具有重要的现实意义。

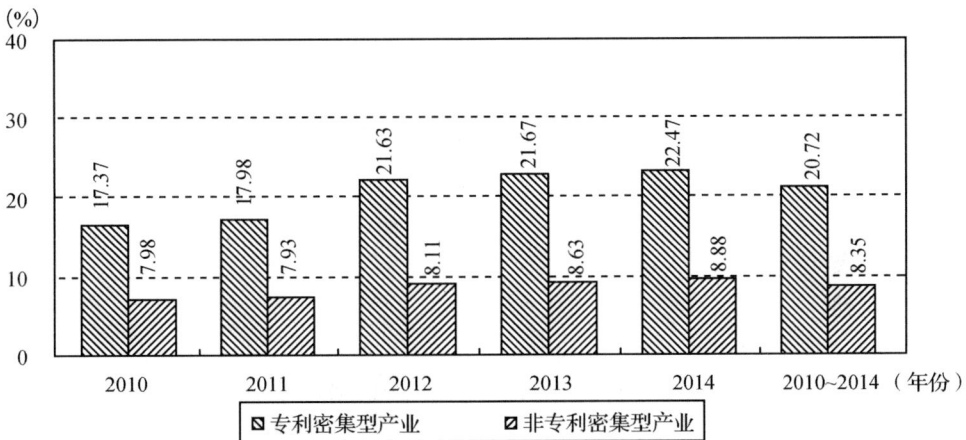

图 1-2　新产品销售收入占主营业务收入比重动态比较

资料来源：中国专利密集型产业主要统计数据报告（2015）。

二、理论背景

虽然企业技术多元化是一种现实中早已存在的技术现象，但直到 20 世纪 90 年代，随着基于专利数据统计的定量分析方法的兴起，这一问题才得到越来越多学者们的关注。日本学者 Kodama，瑞典学者 Granstrand 和 Oskarsson，英国学者 Cantwell、Pavitt 和 Fai，以及丹麦的 Laursen 等学者开创了技术创新研究领域中新的研究方向——企业技术多元化。他们的研究普遍认同在市场需求日趋多样化、复杂化和动态变化的经济背景下，企业应该建立起一个数量和分布均比较合理的技术知识和技术能力系统，以帮助企业获取持续的竞争优势。

对任何一项经营决策或战略决策而言，可以付诸实施的根本动机在于其能够对企业的财务绩效产生积极影响，这样才能有助于企业在激烈的市场竞争中生存并发展下去。因而在企业技术多元化研究领域，学者们探讨最多的就是技术多元化对企业财务绩效的影响，目前该领域的研究已经基本成熟，相关文献的研究结论基本达成一致。张庆垒等（2016）指出，企业技术多元化对财务绩效的影响主要存在两种相反的作用机制：范围经济和协调成本。因而企业技术多元化对财务绩效会在不同情境下呈现出正向、负向，以及综合来看倒 U 形影响的不同研究结果。通过梳理和回顾相关文献发现，除了以创业板上市公司为样本的研究表明技术多元化战略很可能并不适用于中小创业型企业外（张庆垒等，2014a、2014b、2015），国内外学者的研究基本都认同技术多元化对企业财务绩效有显著的正向影响，或者更为普遍地看，二者之间呈倒 U 形影响关系，也就是说，适度的技术多元化水平会对企业财务绩效产生最大的促进作用，但过低或者过高的技术多元化水平都可能对企业财务绩效产生不利影响（Steinemann 等，2004；Miller，2006；Leten 等，2007；Chiu 等，2008；Kim 等，2009；Manh，2010；Chen 和 Chang，2012；Chen 等，2012；Chen 等，2013；Lin 和 Chang，2015；Kim 等，2016；何郁冰，2008、2011；贾军和张卓，2012a、2013；郑朝然，2014；苏晓华等，2015；杨玉波等，2015；王文华等，2015a、2015b；张劲，2015；陈立勇等，2016；姜马，2016；周舒凡，2016；徐娟，2016、2017）。在此结论下，首先需要继续探讨的是，企业如何推进技术多元化战略，哪些因素能够对企业的技术多元化水平产生积极影响，其次也需要引起关注的是，如何对企业的技术多元化水平进行适当的管理和约束，使其尽量保持在最优区间，从而最有利于企业提升财务绩效，更好地经营和发展。

与企业技术多元化对财务绩效的影响研究相比，当前企业技术多元化影响因素的研究开始得较晚、数量较少、结论尚不统一，绝大部分文献零星分布在 2010 年之后。并且当企业技术多元化作为结果变量，企业内外部的各种资源、能力、经营活动、个体、团队、环境、结构等多个角度和维度的因素都可能对其产生影响，已有的研究成果尚不丰富，企业技术多元化的前因因素研究仍如待开采的宝藏。目前学者们对企业技术多元化的影响因素研究涉及的角度主要有：企业内部资源禀赋（Chiu 等，2010；何郁冰和陈劲，2010；贾军和张卓，2012b；Lai 和 Weng，2013；何瑞芳，2015）；其他经营和战略活动的影响（Bas 和 Patel，2005；Chiu 等，2010；贾军和张卓，2012b；Lee 和 Kang，2015）；资源投入（内部研发投入或外部获取投入）（Chiu 等，2010；潘鑫等，2014）；企业规模（Lin 和 Chen，2013）；组织学习（何郁冰和陈劲，2010）；企业文化（何郁冰和陈劲，2010）；技术发展机会（Corradini 等，2012、2016）；联盟组合特征（Bos，2012；Lai 和 Weng，2013；何瑞芳，2015）；企业所处网络特征（Lai 和 Weng，2013；Ozman，2014；曾德明等，2015）；外部环境或行业特征（Chiu 等，2010；贾军和张卓，2012b）；技术专利引进特征（王元地等，2015）；外部技术关联（何郁冰和陈劲，2010）。

然而，纵观已有文献，发现大多数研究聚焦于静态的企业内外部特征对企业技术多元化水平的影响，却鲜有研究从战略决策的角度研究企业是如何推进技术多元化战略的（何郁冰和陈劲，2012），比如企业如何做出技术多元化战略决策，从而使其技术多元化水平不断提高？哪些因素能够发挥治理作用以使企业的技术多元化水平尽量维持在最佳区间？这正是本书所要探讨和试图解答的问题。根据高阶梯队理论，企业的战略决策必然与战略决策者的特征相关，包括战略决策者的心理特征，这正是本书选题的切入点。进一步地，围绕战略决策者的心理特征对企业技术多元化战略决策的影响，本书将深入挖掘这一影响关系的内在作用机制，以及企业内外部情境因素的调节效应。

三、研究意义

本书探讨战略决策者的心理特征对企业技术多元化战略决策的影响，以及这一影响关系的内在作用机制和组织内外部因素的调节效应。

研究的理论意义在于：首先，首次从战略决策的视角探讨企业技术多元化战略决策，并且基于有限理性假设，将战略决策的影响因素聚焦于管理者心理特征，研究选题具有新颖性；其次，对这一研究选题进行深入挖掘，全面研究其作用机制和影响情境，研究模型具有系统性。

研究的现实意义在于：首先，有助于指导企业根据所处的环境科学适度地实施技术多元化战略，并且基于企业技术多元化对财务绩效的倒U形影响，将为企业提供相应的治理机制建议；其次，探讨管理者心理特征对企业战略决策的影响，能够为企业雇用合适的高层管理者提供指导和建议。

第二节　研究问题

一、管理者过度自信对企业技术多元化的影响及机制

基于有限理性假设的高阶梯队理论揭示了高层管理者心理特征和人口统计学特征在企业战略决策上的巨大影响力，引发了本书的思考：高层管理者的何种特征会对企业技术多元化的战略决策产生影响呢？技术多元化是属于企业技术创新领域的研究议题，创新理论之父Schumpeter提出的企业家创新模型（见图3-1）为解答这个问题提供了思路。Schumpeter认为，创新就是建立一种新的生产函数，将一种从未存在过的生产要素和生产条件的"新组合"引入生产体系，而企业家的职能就是实现"新组合"，即创新。因此，Schumpeter对"企业家"的界定与一般意义上基于身份的辨别不同，只要致力于追求

并实现"新组合"——创新的人便可称其为企业家,包括企业的管理者和经理层人员。Schumpeter企业家创新模型描述了企业家实现"新组合"的"创新性破坏"过程:当科技有了新的进步,企业家意识到新技术的市场价值,于是驱动了企业的技术创新,通过增加新技术的创新投资形成新的生产模式,成功的企业技术创新将打破市场平衡、改变市场结构,从而使企业获得暂时的超额垄断利润,但随着模仿者的出现垄断利润会被逐渐削弱并消失。Schumpeter指出,企业家实施"创造性破坏"的动机源于企业家精神。

过度自信是决策心理学中最稳健的发现之一(De Bondt和Thaler, 1985)。过度自信表现为个体倾向于高估决策的收益或成功的概率,将成功的原因归于自身,而低估风险或失败概率的一种心理偏差。由于企业的管理者常常要面临各种复杂环境、做出影响重大的决策、领导和协调内外部各种关系,其所承担的工作具有较高的专业性和难度,因而更容易表现出过度自信的心理和行为特征(Landier和Thesmar, 2009)。管理者过度自信来源的心理机制有:①控制幻觉(Langer, 1975);②自我归因偏差(Bem, 1965);③知识幻觉(Oskamp, 1965);④优于平均幻觉(Larwood和Whittaker, 1977);⑤过度乐观(Fischhoff等, 1977;Weinstein, 1980)。通过将企业家精神的特征与过度自信管理者的心理机制进行对比(见表3-1),发现企业家精神特征和管理者过度自信心理机制如同一枚硬币的两面,具有相似甚至相同的心理本质,过度自信的管理者通常具有企业家精神(即本书的推论一)。因此将管理者过度自信这一心理特征引入企业技术多元化战略的决策研究,认为过度自信的管理者可能有助于推进企业的技术多元化战略,使企业获得更高的技术多元化水平。

企业技术多元化既是一种技术创新战略,也是一种多元化战略,因而同时具有技术创新和多元化的特点,此外,技术创新本身具有的高风险性(Lee和O'Neill, 2003),以及过度技术多元化损害财务绩效所体现出的"多元化折价"带来的风险,均使得企业技术多元化战略也具有较高的风险性。通过梳理管理者过度自信对企业技术创新、多元化和风险承担影响研究的相关文献,发现现有研究已基本形成一致结论:①管理者过度自信对企业技术创新投入和产出均具有显著的正向影响,能够使企业获得更高的技术创新绩效(Galasso和Simceo, 2011;Hirshleifer等, 2012;Tang等, 2015;王山慧等, 2013;林慧婷和王茂林, 2014;彭珊, 2014;易靖韬等, 2015;孔东民等, 2015;于长宏和原毅军, 2015;毕晓方等, 2016;朱磊等, 2016;邬晓婧和郭淑娟, 2016;张信东和郝盼盼, 2017)。②管理者过度自信使企业的多元化水平更高(Malmendier和Tate, 2008;Andreou等, 2011、2017;夏欢欢, 2008;陈娟,

2010；刘昭益，2010；周杰和薛有志，2011；程淼，2013；王山慧等，2015；岑维和童娜琼，2015；徐朝辉和周宗放，2016）。③管理者过度自信会使企业承担更高的风险（Li 和 Tang，2010；Tang 和 Li，2013；Tang 等，2016；余明桂等，2013；杜江洋，2016）。由于企业技术多元化是技术创新、多元化和高风险三方面特征的融合体，具有内在的复杂性，以上任何一个领域的研究结论都无法被单独套用来解释管理者过度自信对企业技术多元化的影响。然而可以综合以上研究结论总结出过度自信管理者的决策偏好（本书推论二）：与非过度自信的管理者相比，过度自信的管理者同时具有：①技术创新导向；②多元化导向；③风险承担导向的决策偏好。因此，过度自信的管理者可能会更倾向于实施企业技术多元化战略。

进一步地，企业技术多元化的实现有多种途径，企业可以通过内部研发、联盟研发、专利购买或技术并购等方式将技术资源和知识基础扩张到多个领域（Miller，2006）。无论哪一种方式都需要企业投入足够的人、财、物等资源，才有可能获得创新成果。Schumpeter 企业家创新模型（见图3-1）表明，在企业家的"创造性破坏"过程中，增加新技术领域的资源投入是创新活动中一个重要的中间环节。因此，本书将引入技术创新投入作为中介变量，具体探讨管理者过度自信对企业技术多元化影响的作用机制。

二、董事会结构的调节效应

现有文献普遍认同企业技术多元化对财务绩效具有倒 U 形影响（Leten 等，2007；Manh，2010；Kim 等，2016；杨玉波等，2015；王文华等，2015a、2015b；姜马，2016；徐娟，2016、2017），这表明企业存在一个最佳的技术多元化水平区间，过度技术多元化会对企业绩效产生不利影响。因此，企业有必要建立有效的治理机制，及时矫正过度自信管理者做出的可能导致过度技术多元化的不科学决策行为，从而将企业的技术多元化水平维持在最佳区间，使企业获得最佳的财务绩效。

第二代高阶梯队理论模型（Carpenter 等，2004）的一个显著特点就是将高阶梯队理论与公司治理机制相融合，在模型中提出了董事会特征的调节作用（见图2-3）。高阶梯队理论将高层管理者视为组织的预测变量，认为其心理特征和人口统计学特征决定了企业的战略选择和组织绩效，公司治理机制则研究如何将高层管理者的决策行为与企业的绩效联系在一起。基于这种理论的发展与融合，本书引入董事会结构的治理效应，具体而言，董事长和总经理两职分离、独立董事比例分别体现了内部董事和外部董事对管理者经营决策的监督力度，因而将分别探讨二者对管理者过度自信和企业技术多元化之间关系的情境影响,以期将过度自信管理者的技术多元化决策行为与最佳的企业财务绩效更好地联系起来。

三、环境动态性的调节效应

随着经济全球化日益深入,企业所面临的技术环境和市场环境均呈现出动态复杂多变的发展态势,给企业的经营管理带来很大挑战,因此学者们纷纷将环境动态性纳入了研究的范畴。已有文献普遍认同,在高动态环境下,企业技术多元化水平对财务绩效的正向影响(何郁冰,2008;Lin 和 Chang,2015;周舒凡,2016;陈立勇,2016)或倒 U 形关系(王文华等,2015b)得到增强,也就是说,技术多元化不仅可以在平稳的环境中提高企业财务绩效,而且在动态多变的环境下能够使企业获得更多收益,这表明,技术多元化能够帮助企业更好地适应动态环境带来的变化、机遇和风险。由此本书提出推论三,认为适度的技术多元化可以看作是企业的一种动态能力,同时也是一种柔性技术创新战略。这一推论为过度自信管理者在动态环境下积极推进技术多元化战略提供了动机支撑。

高阶梯队理论的第二代 UET 模型(Carpenter 等,2004)明确提出了环境特征对高层管理者战略选择和绩效影响所发挥的情境作用。为了进一步挖掘动态多变的经营环境会如何影响过度自信管理者的技术多元化决策,本书将引入环境动态性这一外部情境变量,探讨其对管理者过度自信和企业技术多元化之间关系的调节效应。

综合以上介绍和分析,本书构建出研究模型,如图 1-3 所示。具体的研究假设将在第三章提出。

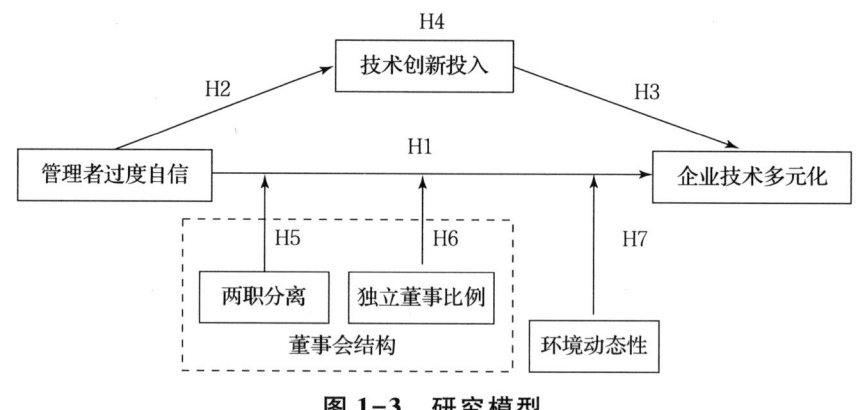

图 1-3 研究模型

第三节 基本概念界定

一、企业技术多元化

Kodama（1986）最早将技术多元化定义为某产业在其主导产品领域之外所掌握的技术知识和能力的程度，后来学者们陆续提出了各种层面的概念，如国家层面（Zander，1997；Cantwell 和 Vertova，2004）、企业层面（Pavitt 等，1989；Granstrand 和 Sjölander，1990；Breschi 等，2003）和产品层面（Laursen，1996）。本书所探讨的是企业层面的技术多元化。

Crossan 和 Apaydin（2010）指出，技术创新既是一个结果，也是一个过程。企业的技术多元化既可以看作是一种静止的技术创新成果的状态，也可以看作是一种技术发展的动态过程（Oskarsson，1993）。因此，企业技术多元化具有静态和动态双重属性：静态维的技术多元化表现为企业在某一时点上的技术知识或技术能力的多样性；动态维的技术多元化表现为企业稳定地保持着一定程度的技术知识存量多样性，或者提高技术知识存量多样性的行为（何郁冰，2008）。

本书赞同以上学者的观点，企业技术多元化既可以是一种企业技术创新战略，体现其动态发展的过程；也可以代表某一时点上企业的技术多元化水平。由此，本书将技术多元化定义为：企业的技术知识和技术能力在多个技术领域分布的状态，以及企业推进这种多样化分布的战略过程。

除了从动态—静态维度来界定企业技术多元化，还可以从概念内涵的角度来分析企业技术多元化的特点。企业技术多元化战略既属于技术创新领域，代表企业在多个技术领域开展技术创新活动、拥有技术创新产出；又是一种多元化战略，代表企业的技术创新活动和成果多元化；此外，企业技术多元化战略具有高风险的特点，这是因为一方面技术创新作为一种特殊的投资活动，本身就具有高风险性（Lee 和 O'Neill，2003），另一方面，企业技术多元化对财务绩效的倒 U 形影响表明过度技术多元化会损害财务绩效，这意味着企业实施技术多元化战略并非百利而无一害，其中蕴藏着损害财务绩效的风险。

二、管理者过度自信

从 20 世纪 60 年代开始，过度自信（Overconfidence）这一概念便经常出现在与概率判断相关的心理学实验和研究中。校准（Calibration）是指人们对概率的判断值与实际值的接近程度（Fischhoff 等，1977），基于此概念，心理学家将过度自信定义为人们对概率的判断值高于实际值的一种校准偏差（Miscalibration）。这种心理学上的界定虽然可以揭示过度自信的本质，但却无法充分展现过度自信的内涵。由于人们的过度自信行为特征可能来源于不同的心理机制，本书将管理者过度自信视作一个综合的概念，管理者表现出的过度自信行为特征可能来源于一种或多种的内在心理机制，这些内在心理机制主要包括：控制幻觉（Langer，1975）、自我归因偏差（Bem，1965）、知识幻觉（Oskamp，1965）、优于平均幻觉（Larwood 和 Whittaker，1977）、过度乐观（Fischhoff 等，1977；Weinstein，1980）。

在对过度自信管理者的界定方面，国外学者通常研究 CEO 过度自信，但中国情境下的研究略有不同，我国文化中的集体主义倾向使企业中的经营决策更倾向于群体决策或团队决策。国内已有相关文献中，明确以"CEO 过度自信"为研究对象的文献占比较少；大部分文献以"高管团队过度自信"为研究对象（详见表 2-2）。

根据高阶梯队理论，高层管理团队具有"行为整合"的特点，高层管理团队成员之间行为的互动和整合比单个高层管理者的行为更具有解释力（Hambrick，1994），因此，高层管理团队的特征会对企业战略选择和组织绩效产生更大的影响。

本书也选择高层管理团队群体所表现出的过度自信行为倾向作为研究对象。对这一界定的理解在于，事实上心理特征都是无法直接衡量的，需要通过其表现出的行为来判断，也就是说，对个体心理特征的研究方式通常都是以其行为表现来推断其心理特征。那么，针对高层管理团队，群体决策并非个体决策的简单相加，而是有内在相互影响的机制，因此本书考察高层管理团队整体表现出的过度自信行为和反映出的心理特征。

第四节　研究技术路线与研究方法

一、研究技术路线

第一，结合我国企业技术创新现状，基于企业技术多元化对财务绩效具有正向或倒 U 形影响的实证研究结论，明确了企业开展技术多元化战略的前提和动机，并由此引出两个问题：其一，如何提高企业技术多元化水平；其二，如何对企业技术多元化水平进行管理和控制，使其尽可能保持在对财务绩效最为有利的区间。通过回顾企业技术多元化的前因研究，发现目前鲜有研究从战略决策的角度探讨企业如何推进技术多元化战略。因此，基于有限理性假设，根据高阶梯队理论所揭示的高层管理者的心理特征会对企业的战略选择产生显著影响,本书将研究问题进一步聚焦,探讨战略决策者心理特征对企业技术多元化战略的影响,以及这一影响作用的中介机制、外部环境的调节效应和能够发挥管控作用的内部治理结构。

第二,进一步确定战略决策者的何种心理特征会影响企业的技术多元化。Schumpeter提出了企业家创新模型,他指出,企业家精神对企业的技术创新发挥着重要作用,并总结了企业家精神的特征。本书通过将企业家精神的特征与管理者过度自信的心理机制进行对比,提出了推论一:管理者过度自信与企业家精神具有相似的心理本质,过度自信的管理者通常具有企业家精神。这意味着管理者过度自信很可能对企业的技术创新有着显著影响,因而将战略决策者的心理特征聚焦于管理者过度自信。

第三,分析管理者过度自信对企业技术多元化的影响作用,解答问题———如何提高企业技术多元化水平?通过对管理者过度自信的已有实证研究进行梳理和归纳,提出本书推论二:过度自信的管理者同时具有技术创新导向、多元化导向和风险承担导向的决策偏好。将推论二作为分析管理者过度自信对企业技术多元化影响作用的基本逻辑,提出实证研究假设。

第四,分析管理者过度自信对企业技术多元化影响的内在作用机制,是问题一的深化,解答管理者过度自信通过何种路径影响企业技术多元化。基于Schumpeter企业家创新模型,引入技术创新投入作为中介变量,并基于管理者过度自信的心理特征进行具体分析,提出实证研究假设。

第五,分析董事会结构在管理者过度自信对企业技术多元化的影响作用上发挥的治理效应,提出实证研究假设,解答问题二——如何对企业技术多元化水平进行管理和控制?基于第二代高阶梯队理论模型,引入董事会结构的治理效应(董事长和总经理两职分离、独立董事比例),研究其对过度自信管理者技术多元化决策的抑制治理效应,防止过度自信管理者的不科学决策行为使企业出现过度技术多元化,对财务绩效形成损害。

第六,分析环境动态性对管理者过度自信和企业技术多元化影响关系的调节作用,是问题一的深化,解答在动态多变的外部经营环境中,管理者过度自信对企业技术多元化的影响会发生何种变化。基于第二代高阶梯队理论模型和企业动态能力理论,引入环境动态性作为情境变量。已有实证研究结论指出,环境动态性会增强企业技术多元化对财务绩效的正向或倒U形影响,这表明在高动态性环境下,技术多元化能够为企业带来更多的财务绩效,而过度技术多元化的不利影响也会增强,由此得出本书的推论三:适度的技术多元化是企业的一种动态能力。推论三为过度自信管理者在高动态环境下更加积极地推动企业技术多元化战略提供了动机支持，进而基于推论一和企业家精神的特征具体分析环境动态性对管理者过度自信和企业技术多元化影响关系的情境调节作用，提出实证研究假设。

第七，开展实证研究。随着 20 世纪 90 年代基于专利信息统计方法的兴起，利用企业专利数据的指标计算法成为学者们研究企业技术多元化时最常使用的方法。截至 2016 年底，我国已成为世界上第三个国内发明专利拥有量超过百万件的国家，我国国家知识产权局特别编制了《专利密集型产业目录（2016）》。基于此目录，本书选择专利密集型产业的企业作为研究对象，并进一步科学合理地确定了研究样本、研究期间、变量测量方法、计量模型，搜集相关数据开展实证分析和稳健性检验。

最后，根据实证研究结果对本书提出的研究假设进行检验，形成研究结论并进一步讨论研究的理论意义，提出相关的管理建议和启示。

研究技术路线如图 1-4 所示。

二、研究方法

本书采用定性研究和定量研究相结合的方法，主要包括如下两种研究方法：

1. 规范分析

为了从总体上把握管理者过度自信与企业技术多元化的关系，首先需要对该领域的相关文献进行详细梳理，厘清研究脉络，把握最新进展，在此基础上发现和总结现有研究的缺口，以确定研究视角、研究问题和研究模型。

规范分析的基础是对以往相关研究文献的广泛涉猎与研读。在整个研究过程中，为了尽可能全面地掌握相关领域的最新进展，对国内外多个学术论文数据库进行了长期跟踪检索，包括 EBSCO、JSTOR、Emerald、中文期刊数据库（中国知网 CNKI 全文期刊网、维普中文科技期刊数据库）、谷歌学术搜索、百度学术搜索等。在广泛地搜索和阅读大量关于企业技术多元化、管理者过度自信、环境动态性、技术创新、公司治理等文献的基础上，总结以往学者的研究成果，寻找可以进一步挖掘的研究领域，提出具有创新价值的研究视角，形成研究模型及研究假设。

2. 实证分析

合格规范的现代管理学研究需要客观数据的支持和验证，实证研究是一种重要的研究方法，只有基于科学有效的原则选择合适的样本、研究期间、数据、测量方法和计量模型，才能获得有价值的实证研究结果。本书通过搜集上市公司的客观资料，建立面板数据，根据因变量数据的不同特点，运用 Stata 13.1 软件分别开展

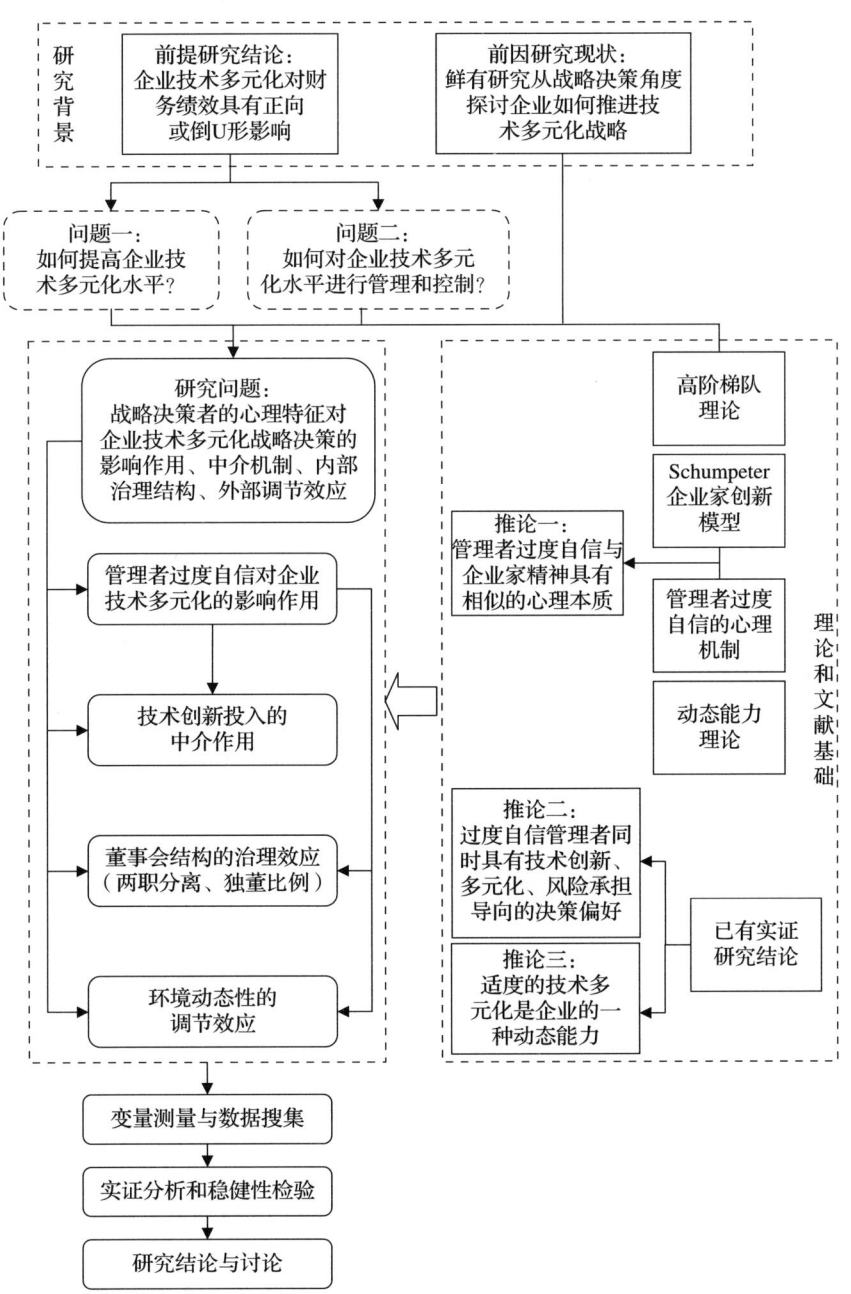

图 1-4 研究技术路线

变量描述性统计分析、相关性分析、面板 Tobit 回归、面板泊松回归，以及基于 Driscoll-Kraay 标准误的固定效应线性回归等计量分析。基于上市公司客观数据的多元层次回归计量分析检验了规范分析方法所提出的研究模型和研究假设，为研究结论提供了充分的实证支持。

第五节　研究的主要创新

本书可能的创新点有：

第一，首次将行为经济学的理论和概念引入企业技术多元化的前因研究领域。虽然学者们从企业内部资源禀赋、其他经营和战略活动的影响、资源投入、企业规模、组织学习、企业文化、技术发展机会、联盟组合特征、企业所处网络特征、外部环境或行业特征、技术专利引进特征、外部技术关联（Bas 和 Patel，2005；Chiu 等，2010；何郁冰和陈劲，2010；Bos，2012；Corradini 等，2012、2016；贾军和张卓，2012b；Lai 和 Weng，2013；Lin 和 Chen，2013；潘鑫等，2014；Ozman，2014；王元地等，2015；曾德明等，2015；Lee 和 Kang，2015；何瑞芳，2015）等多个角度探讨了企业技术多元化的前因影响因素，但却几乎没有文献从战略决策者心理特征或人口统计学特征的视角开展分析。本书基于有效理性假设，根据高阶梯队理论，较为系统地构建了管理者过度自信这一高层管理者心理特征对企业技术多元化战略的影响研究模型，并具体探讨了该影响作用的中介机制、内部董事会结构的治理效应和外部环境动态性的情境作用。

第二，在理论基础和已有文献研究结论的基础上合理适度地提出了三个推论，是本书研究模型构建的关键依据和假设提出的重要逻辑支撑。首先，将 Schumpeter 提出的企业家精神的特征与管理者过度自信的心理机制进行对比分析，揭示出企业家精神与管理者过度自信的内在联系，发现二者具有相似的心理本质，从而得出过度自信的管理者通常具有企业家精神的推论（推论一）；其次，将管理者过度自信在企业技术创新、多元化和风险承担领域的研究进行全面梳理，得出过度自信的管理者同时具有技术创新导向、多元化导向和风险承担导向决策偏好的推论（推论二）；最后，根据动态能力理论，以及环境动态性增强技术多元化对企业财务绩效正向或倒 U 形影响的研究结论，得出适度的技术多元化是企业的一种动态能力的推论（推论三）。

第三，基于企业的已授权发明专利数据来测量其技术多元化水平。现有绝大部分文献出于数据获得便利性的考虑，利用企业的专利申请信息测量企业技术多元化。然而我国国家知识产权局工作统计显示，2016 年该局共受理发明专利申请 133.9 万件，共授权发明专利 40.4 万件，发明专利授权率在 40%~50%，说明一半以上的发明专利申请最终不会获得授权。因此，利用发明专利申请数据测量企业技术多元化水平是存在一定问题的，企业拥有的已授权发明专利数据才能真实体现其多样化技术成果的分布状况。因此本书基于企业的已授权发明专利数据来测量技术多元化水平，并根据发明专利审查周期不一的特点，创造性地提出了企业技术多元化数据有效观测点的确认原则。

第六节 章节安排

本书共包括六章，具体内容安排如下：

第一章绪论，回顾研究的现实背景和理论背景，梳理企业技术多元化研究的现状，引出本书所要解答的问题。通过简要回顾高阶梯队理论、Schumpeter 企业家创新模型和管理者过度自信的心理机制，引入管理者过度自信作为企业实施技术多元化战略的前因变量，并进一步拓展研究模型，提出对中介机制和调节效应的探讨，明确研究问题和研究模型。对重要研究变量进行概念界定。介绍研究的技术方法路线、研究方法和主要创新点。

第二章文献综述，系统梳理技术创新理论、有限理性假设、高阶梯队理论、代理理论、管家理论、企业动态能力理论等相关的理论基础，以及企业技术多元化、管理者过度自信等变量的概念和测量方法，梳理并总结了企业技术多元化对财务绩效的影响研究、企业技术多元化的前因因素研究、管理者过度自信对企业技术创新、多元化和风险承担的相关研究、董事会结构对过度自信管理者的决策发挥治理效应的相关研究、环境动态性对企业技术创新发挥调节效应的相关研究。

第三章研究假设，基于高阶梯队理论、Schumpeter 企业家创新模型、管理者过度自信的心理机制、企业动态能力理论，以及本书根据相关理论和已有文献研究结论得出的三个推论，分别探讨了管理者过度自信对企业技术多元化的影响作用、管理者过度自信对技术创新投入的影响、企业技术创新投入对技术多元化的影响、技术创新投入的中介效应、董事会结构（董事长和总经理两职分离、独立董事比例）对过度自信管理者技术多元化决策的治理效应，以及外部环境动态性对管理者过度自信和技术多元化之间影响关系的调节效应，共提出 7 个研究假设。

第四章实证研究设计，详细介绍研究期间、样本选择、数据来源、变量测量方法以及计量模型的设定。

第五章实证研究分析，通过描述性统计分析、相关性分析和多元层次回归分析实证检验本书提出的研究假设，并考虑多种不同情境开展稳健性分析。

第六章结论与讨论，系统梳理本书研究过程，将实证分析结果进行总结，形成研究结论，探讨研究的理论贡献，基于研究结论对企业实践提出有益的管理启示，最后指出研究的不足之处，并对未来研究提出建议。

第二章 文献综述

第二章主要对与本书研究问题相关的理论和研究进行回顾和梳理，包括企业技术多元化、管理者过度自信、董事会结构和环境动态性的相关文献。

第一节 企业技术多元化文献综述

企业技术多元化是企业技术创新领域的一个概念，所以本节将首先回顾技术创新的相关理论，其次对企业技术多元化的概念界定和测量方法进行梳理归纳，最后梳理并总结企业技术多元化对企业财务绩效影响作用的相关研究、企业技术多元化的前因因素相关研究，这些文献与本书研究问题的确定紧密相关。

一、技术创新相关理论

在经济学领域，关于"技术创新"的探讨和研究由来已久。早在 18 世纪，现代经济学之父 Adam Smith（亚当·斯密）就已经意识到技术变革与经济增长的关系，他在其著名的代表作《国民财富的性质和原因的研究》（简称《国富论》）中提到，制造业中机器的改进，以及劳动力的专业分工能够有效促进专业性发明。"机器的改进""专业性发明"都属于技术创新的范畴。科学社会主义学说理论体系的建立者 Karl Marx（卡尔·马克思）在其伟大的著作《资本论》中对技术、技术创新也有很多深刻的论述。哈佛大学肯尼迪学院的 Scherer（谢勒）教授在《技术创新：经济增长的原动力》一书中评论道："与 19 世纪中期其他经济学家不同的是，马克思敏锐地察觉到资本主义的天才在于能够将资本积累与不断的技术创新相结合。"到了 20 世纪初，美籍奥地利经济学家 Joseph Schumpeter（约瑟夫·熊彼特）于 1911 年在其代表性德文著作《经济发展理论》中，首次提出了"创新"的概念，并在 1912 年出版的英文版中首次使用"Innovation"一词。Schumpeter 提出了"创新是一个过程"的观点，在后续出版的《资本主义、社会主义和民主主义》（1942）等著作中逐步形成了以"创新理论"为基础的独特的经济理论体系。

Schumpeter 认为，所谓创新就是建立一种新的生产函数，即将一种未曾有过的生产要素和生产条件的新组合引进生产体系，经济发展就是不断实现

"新组合"即创新的过程，而作为资本主义"灵魂"的企业家的职责就是不断引进新组合、实现创新。他进一步明确指出创新的五种情况：①采用一种新产品或产品的一种新特性；②采用一种新生产方法；③开辟一个新市场；④掠取或控制原材料或半成品的一种新供应来源；⑤实现一种工业的新的组织。这五种创新可概括为：产品创新、技术创新、市场创新、资源配置创新、组织创新（引申为制度创新）。可见，Schumpeter的创新理论包括但不限于技术创新，他从广义和系统的角度深入阐释了创新的本质，其所提出的创新的研究框架，包括创新的动力机制、过程和要素流动等内容，为后续技术创新领域的新古典经济学派、新熊彼特学派、制度创新学派和国家创新学派的研究奠定了基础。

学者们将Schumpeter关于技术创新过程的观点归纳为两类：企业家精神主导的创新模型和大企业内部研发部门主导的创新模型（Freeman，1982）。第一类模型又被称为Schumpeter企业家创新模型，即Schumpeter创新模型Ⅰ，该模型将企业的技术创新看作是一个"黑箱"，突出强调企业家精神和银行家资源的作用（Schumpeter，1912），这种技术创新模式的主要特点有：由企业家驱动创新、创新依赖资源投入、银行家基于企业家的声誉提供资助等。第二类模型即Schumpeter创新模型Ⅱ，突出强调垄断大企业内部研发部门对技术创新的主导作用，这是由于晚年的Schumpeter提出了技术创新内生的观点（Schumpeter，1942），认为"完美科层制的巨大工业单元"——大型企业已成为经济发展中的"最有力引擎"，专门的研发部门使其技术创新活动变得合理化和常规化，因而具有垄断地位的大企业更易于技术创新。第二类模型的主要特点有：创新由大企业内部研发部门主导完成；创新所需资源来自企业内部；创新通过形成暂时垄断从而使大企业获得超额利润。学者们普遍认为，这两种创新模式并不冲突，常常共存于经济体系中，可能不同的行业适用不同的技术创新模式（Winter，1984），也可能随着信息技术时代的到来，出现两种模式混合的现象，如美国硅谷基于横向分工的"块化"研发模式，即大量技术创新活跃的新兴企业不断涌现，很多大型公司通过技术并购新兴企业以实现创新，呈现研发外部化的特征。

随着技术创新研究的深入，学者们根据不同的标准对技术创新进行了分类，主要有：①A-U分类，根据技术创新对象的不同，可分为产品创新（Production Innovation）和过程创新（Process Innovation）（Utterback和Abernathy，1975）。②SPRU分类，根据创新程度和创新范围的不同，可分为渐进式创新（Incremental Innovation）、突破式创新（Radical Innovation）、技术系统变革（Change of Technology System）和技术-经济范式变革（Change in Technology-Economic Paradigm）四类（Dosi等，1988）。③基于创新战略分类，傅家骥（1998）根据我国企业技术创新的发展过程，提出企业可以在不同的发展阶段采取不同的技术创新战略，包括模仿创新、合作创新和自主创新。此外，本书认为，企业技术创新所涉及的领域数目也可作为一种分类标准，当企业的技术创新产出分布在一个以上的技术领域中，则为多元化的技术创新，否则为单一领域的技术创新。

二、技术多元化的概念

在企业实践中，技术多元化并不是一个新现象，但一直以来学者们更多关注的是产品多元化和市场多元化。1959 年，Nelson 在企业产品多元化研究中首次提出了"知识多元化"的思想，发现拥有更广技术范围的企业其产品多元化的绩效表现更佳。但直到 1986 年，日本学者 Kodama 才第一次正式提出了技术多元化的概念。20 世纪 90 年代中期以来，随着基于专利数据统计方法的兴起，越来越多的学者开展了技术多元化的研究，并根据各自研究特点对技术多元化进行了界定。以下将梳理学者们的研究，并总结技术多元化的代表性概念。

Kodama（1986）发表于 *Science* 的论文《日本产业的技术多元化》正式开启了产业经济学和企业管理学领域对技术多元化的探讨。Kodama（1986）将某产业在主导产品范围之外开展研发活动的现象定义为产业层面的技术多元化，他以 1970~1980 年间日本电子、化学和医药等行业为样本，用产业中投向各产品领域的研发费用的赫芬达尔指数来衡量产业技术多元化，研究产业层面存在的三种技术多元化类型：上游技术多元化、下游技术多元化和水平技术多元化。

Feldman 和 Audretsch（1999）也是从产业层次，基于技术创新专利产出，将某产业的技术专利申请涉及其他产业定义为技术多元化。

最早研究企业层面技术多元化的学者是 Granstrand 和 Sjölander（1990），他们将同时涉及 3 个及以上技术领域（以工业技术分类代码前 3 位划分）的企业称为"多技术企业"，以瑞典的 24 家多技术企业为研究对象，通过问卷调查和案例研究的方法，发现拥有多技术的企业非常普遍，技术多元化与产品多元化有着较强的关联。此后，以 Granstrand 为代表的研究团队进行了一系列经验研究，Oskarsson（1993）、Granstrand 和 Oskarsson（1994）、Granstrand 等（1997）、Granstrand（1998）均揭示了企业技术多元化发展的世界性趋势。与技术领域单一的企业相比，技术多元化带来的经济效应（如，范围经济、规模经济、空间经济、速度经济）有助于企业获得更多的发展机会和更快的发展速度。他们从技术能力的视角将企业技术多元化界定为：企业将其技术能力拓展到范围更广的技术领域，增加了企业技术知识多样性和技术基础宽度。

Laursen（1996）通过对丹麦的一家制药企业进行案例研究和专利统计，指出技术多元化是产品多元化的基础，从产品层面将企业所生产的产品中技术要素的多样性不断增加定义为企业技术多元化，即企业产品所含技术知识范围的广度。

Zander（1997）基于24个瑞典跨国公司1946～1990年间的专利数据，通过计算赫芬达尔指数，衡量跨国公司的研发活动在不同国家的地理分散所带来的企业技术多元化，将企业技术专利的申请跨越多个技术领域界定为企业技术多元化。

Fai（1999，2003）借鉴企业多元化战略的概念，将企业技术多元化定义为：企业的技术专长随时间的发展越来越均匀地分布在多个技术领域。Fai（2003）基于32个欧洲、美国和日本大型企业的专利数据，利用RTA指数测算企业技术多元化水平，根据演化经济学和资源基础理论，阐释了企业的多元化技术资源组合不断变化、逐渐渗透到互补性领域，进而有效提高企业技术能力、促进企业成长的过程。

Breschi等（2003）基于企业专利数据计算赫芬达尔指数来衡量企业技术多元化，将企业技术多元化等同于专利多元化，从知识理论的视角探讨企业技术多元化发展的方式和方向，指出知识相关性是决定企业技术多元化的核心因素。类似地，Leten等（2007）将企业技术多元化定义为企业的技术专利在多个技术领域的分布情况，如果分布较为集中，则技术多元化水平低，如果分布比较均匀，则技术多元化水平较高。

Miller（2006）基于技术知识的视角，认为企业技术多元化是指企业的知识体系广度不断拓展，知识范围和知识网络中的联结不断增加的过程。

通过以上梳理可知，已有文献提出的各种技术多元化概念本质上是一致的，都是指产业/企业/产品的技术资源分布在多个领域，本书认为可以从界定依据和界定层次两方面来对学者们提出的技术多元化概念进行具体的分类，详见表2-1。界定依据是指对"技术多元化"一词中"技术"的指代，可分为技术创新过程和技术创新成果两大类，技术创新过程又可指研究开发活动、研发资源投入，技术创新成果可用技术知识、技术能力或易于统计的技术专利来衡量。界定层次是指技术多元化的研究对象，如产业技术多元化、产品技术多元化、企业技术多元化，其中企业技术多元化正是本书的研究对象。随着企业层面专利数据的可获得性增强，学者们对技术多元化的研究逐渐聚焦于企业层面。在界定依据方面，虽然有少数学者将研发多元化（研发活动、研发投入）等同于技术多元化，但大部分学者都认同从技术创新产出（技术知识、能力、专利）的角度来衡量企业技术多元化水平。而且以技术知识、技术能力进行概念界定的文献在变量测量时，通常也是利用技术专利数据。

表 2-1　技术多元化代表性概念界定汇总及分类

学者	定义	界定依据	界定层次
Kodama（1986）	某产业在主导产品范围之外开展研发活动的现象	研发活动；研发投入	产业
Feldman 和 Audretsch（1999）	某产业的技术专利申请涉及其他产业	技术专利	产业
Granstrand 和 Sjölander（1990）	企业将其技术能力拓展到范围更广的技术领域	技术能力	企业
Laursen（1996）	企业所生产的产品中技术要素的多样性	技术知识	产品
Zander（1997）	跨国公司的研发活动在不同国家的地理分散所带来的企业技术多元化，企业技术专利的申请跨越多个技术领域	研发活动；技术专利	企业，但技术多元化由跨国导致
Fai（1999）	企业的技术专长随时间的发展越来越均匀地分布在多个技术领域	技术能力	企业；基于多元化的传统内涵
Breschi 等（2003）	企业的技术专利在多个技术领域的分布情况	技术专利	企业
Miller（2006）	企业技术多元化是企业逐渐进入新的技术领域，技术知识基础多元化增长的过程	技术知识	企业

资料来源：作者根据文献整理。

三、技术多元化的测量

目前，学者们对企业技术多元化的研究方法主要有指数计算法、问卷调查法和案例分析法三种，其中指数计算法为大多数研究所采用。指数计算法常用的基础数据主要包括技术专利、研发费用、科技论文和出版物等，其中技术专利作为企业技术创新活动的主要产出，且专利申请和授权数据具有公开性、一致性、连续性，便于研究者开展长期趋势考察、大样本分析和对比性研究，因而大部分文献基于技术专利来衡量企业技术多元化。常见的计量指数有赫芬达尔-赫希曼指数、熵指数和显示性技术优势指数，以下将进行具体的梳理和介绍。

1. 指数计算法

指数计算法利用客观数据和经典指数公式来测算企业技术多元化，具有规范、客观、可重复性强的优点。

(1) 赫芬达尔-赫希曼指数 (Herfindahl-Hirschman Index, HHI)。简称赫芬达尔指数,最早用于对产业集中程度的测量,具体指某行业中各市场竞争主体营业收入或资产占该行业总营业收入或总资产比重的平方和 (卫志民, 2011)。由于赫芬达尔指数能够较为直观和有效地体现产业中各市场竞争主体所占份额的变化情况,因此成为衡量集中度或离散度时最具有代表性的指标。在企业管理研究领域,通常使用赫芬达尔指数测量企业的多元化水平。赫芬达尔指数的计算公式如下 (以企业市场多元化为例):

$$HHI = \sum_{i=1}^{n} \left(\frac{X_i}{X}\right)^2 = \sum_{i=1}^{n} P_i^2$$

式中,X 为企业总营业收入,X_i 为第 i 个市场领域的营业收入,n 为企业涉及的总市场领域数,$P_i = X_i/X$ 为第 i 个市场领域营业收入占企业总营业收入的比重。当企业的业务只在一个市场开展,则 HHI = 1;当企业业务涉及的市场数目越多,分布越均匀,则 HHI 值越小;理想情况下,当企业的业务在 n 个市场领域均匀分布,则 HHI = 1/n。因此,赫芬达尔指数在 1/n ~ 1 之间变动,数值越大说明企业业务越集中,数值越小则企业业务越分散。

用赫芬达尔指数测量企业技术多元化,既能包括企业技术专利涉及的领域数信息,还能够反映各领域专利数的相对比重,Gambardella 和 Torrisi (1998)、Breschi 等 (2003)、Piscitello (2004)、Watanabe 等 (2004)、Garcia - Vega (2006)、Leten 等 (2007)、Chiu 等 (2008)、Chiu 等 (2010)、贾军和张卓 (2012a、2012b、2013)、张庆垒等 (2014a、2014b、2015、2016)、Lin 和 Chang (2015)、王文华等 (2015a、2015b)、杨玉波等 (2015)、苏晓华等 (2016)、周舒凡 (2016)、陈立勇等 (2016)、徐娟 (2016、2017) 等研究均利用赫芬达尔指数测量企业技术多元化水平。由于赫芬达尔指数数值大小与多元化程度具有反向关系,即 HHI 数值越大,集中度越高,多元化水平越低,不便于理解,因此在实证研究中,学者们往往用 1/HHI 或 1-HHI 来构建技术多元化的正向指标。

(2) 熵指数 (Entropy Index)。简称 E 指数,其借用了信息理论中熵的概念,表示平均的信息量,公式表达如下:

$$EI = \sum_{i=1}^{n} P_i \ln\left(\frac{1}{P_i}\right)$$

式中字母含义与赫芬达尔指数相同。熵指数也是衡量集中度的一个有效指标,与赫芬达尔指数的相同点是能够反映某总体中各部分分布状况的综合指数,且均基于各部分占总体的比重及求和运算来构建指标,不同点在于二者分

配给各部分份额 P_i 的权数不同,赫芬达尔指数的权数是份额 P_i,熵指数的权数是 P_i 倒数的对数,但二者均具有良好的理论基础和实用价值。Kodama(1986)、Zander(1997)、Gemba 和 Kodama(2001)、Chen 等(2013)、Kim 等(2016)、姜马(2016)等文献均运用熵指数衡量企业技术多元化。

Chen 和 Chang(2012)基于熵指数,将技术关联性引入技术多元化的研究,将技术多元化分为相关技术多元化(Related Technological Diversification,RTD)和不相关技术多元化(Unrelated Technological Diversification,UTD)两种。这种研究是基于技术专利的分层分类,第一层按大类划分,第二层按小类划分,则 UTD 是指跨大类的技术多元化,RTD 是指在大类内跨小类的技术多元化,具体计算公式如下:

$$TD = \sum_{i=1}^{n} P_i \ln\left(\frac{1}{P_i}\right)$$

$$UTD = \sum_{j=1}^{m} P_j \ln\left(\frac{1}{P_j}\right)$$

$$RTD = TD - UTD$$

式中字母的含义为,某企业技术专利分为 m 个大类,n 个小类,P_j 为第 j 个大类领域内的专利数占总专利数量的比重,P_i 为第 i 个小类领域内的专利数占总专利数量的比重。Chen 等(2012)、郑朝然(2014)、周磊和杨威(2015)、徐娟(2016)等文献也使用该方法开展了相关技术多元化和不相关技术多元化的研究。

(3)显示性技术优势指数(Revealed Technology Advantage,RTA)。该指数来源于美国经济学家 Balassa Bela 于 1965 年提出的一种测算部分国际贸易比较优势的方法——显示性比较优势指数(Revealed Comparative Advantage,RCA)。Patel 和 Pavitt(1991)、Cantwell 和 Piscitello(1999)、Fai(2003)等少数研究运用 RTA 指数测量了企业技术多元化水平。

2. 问卷调查法

在企业技术多元化研究的早期阶段,特别是基于专利数据的统计方法提出之前,大部分学者采用问卷调查法来搜集企业技术多元化数据。目前也有一些学者由于研究视角的特殊性采取问卷调查法。

除前文已经介绍的以 Granstrand 为代表的系列研究采用问卷调查法外(Granstrand 和 Sjölander,1990;Oskarsson,1993;Granstrand 和 Oskarsson,1994;Granstrand,1998),Pavitt 等(1989)利用调查问卷对 1945~1983 年间英国 4000 多个创新企业和创新项目开展研究,发现企业技术创新活动的范围是主要创新活动领域和规模的函数;Grover 和 Goslar(1993)采用包括员工学科背景多样性、专业技术类岗位数等内容的调查问卷来度量企业技术领域的多元化水平；Sapienze 等（2004）使用 7 点 Likert 量表搜集 54 个芬兰技术密集型企业 1997 年的截面数据，发现知识相关性与企业技术多元化水平正相关；Nieto 和 Quevedo（2005）使用 5 点 Likert 量表对 406 家西班牙制造业企业 2001 年的状况进行调查，发现技术多元化水平越高则企业的技术发展机会越多，并且广泛的技术知识基础能够提高企业的技术吸收能力。

国内学者中较早和较为系统地开展企业技术多元化研究的是何郁冰（2008）及其系列研究，他对企业技术多元化的内涵提出了独到的观点，认为企业的技术多元化与业务多元化的最大不同在于，对业务多元化而言，总营业收入在各业务领域的分布越均匀说明业务多元化水平越高，这同时意味着主导业务领域收入比重的下降，但企业技术多元化应该是在确保核心技术能力的前提下，企业的技术创新活动和技术知识基础拓展到新的技术领域，发展出多领域的技术能力，因此企业的核心技术能力应该始终是比重最大的。据此观点，何郁冰（2008）认为衡量传统多元化程度的赫芬达尔指数或熵指数并不适用于企业技术多元化水平的测量，他尝试运用问卷调查法基于管理者感知来衡量企业的技术知识和能力在多个领域的分布情况。该研究设计的 7 点 Likert 量表关于企业技术多元化的题项包括 7 个，主要从技术能力和知识的范围、生产辅助技术的多样化投资、内部研发或联盟研发涉及的技术领域数、技术专利涉及的领域数、技术知识在各领域的分布情况、技术知识存量的多样性水平、员工专业背景的多样性等方面来进行考察。周雯琦（2007）以我国 112 家制造业和高技术产业企业为样本，使用 5 点 Likert 量表研究企业技术多元化四个维度的影响因素（技术维、模式维、冲突维、环境维）与企业创新绩效之间的关系。张劲（2015）在借鉴学者们研究的基础上，从技术探索和技术挖掘两个维度利用 8 个题项来衡量企业的技术多元化程度。

3. 案例分析法

案例研究虽然无法像大样本实证研究那样揭示基于统计概率显著的企业共性特征，但却可以通过深入访谈和内部资料发掘出企业运作的内在机制和根本原理。Suzuki 和 Kodama（2004）通过对 Canon 和 Takeda 两家日本大型企业进行深入的案例研究，提出企业的技术多元化水平和创新持续性都有助于提高产品多元化程度以及企业营业收入，这是通过技术多元化带来的范围经济效应实现的。Watanabe 等（2004）以日本 Canon 公司为研究对象，发现企业技术多元化水平与创新绩效之间往往有良好的互动关系。Sapsed（2005）以两个英国企业为案例，从项目团队层面开展访谈和分析，指出应该对与技术多元化相伴的知识多样性进行有效管理。

四、企业技术多元化对财务绩效的影响研究回顾

对任何一项经营决策或战略决策而言,可以付诸实施的根本动机在于其能够对企业的财务绩效产生积极影响,这样才能有助于企业在激烈的市场竞争中生存并发展下去。因而在企业技术多元化研究领域,学者们探讨最多的就是技术多元化对企业财务绩效的影响,并且已经有了基本一致的研究结论。现有文献普遍认同企业技术多元化对财务绩效具有正向或倒 U 形影响。这一研究结论是本书的重要前提和依据,直接影响着本书研究问题的提出和研究模型的确定。为了充分说明这一研究结论的可靠性,以下将全面梳理国内外探讨企业技术多元化对财务绩效影响作用的几乎所有文献,并进行总结。

1. 发表在英文期刊的文献

Steinemann 等(2004)以美国汽车供应商行业的企业为样本,探讨了在当时少有学者研究的技术多元化对企业经济绩效的影响问题,实证结果指出,将技术资源集中在高相关性领域的企业其绩效要优于将技术资源分布在相关性较弱领域的企业。

Miller(2006)创造性地采用引用权重专利来衡量企业技术多元化水平,通过对大样本量的企业开展实证研究发现,企业技术多元化对财务绩效有积极的促进作用,该研究结果在控制横截面数据的内生性问题和用面板数据消除不可观测因素影响作用的情况下仍然稳健。

Leten 等(2007)通过对美国、欧洲和日本 R&D 投入最高的 5 个行业 184 家企业 1995~2003 年的面板数据进行固定效应负二项回归发现,技术多元化对企业绩效具有倒 U 形影响,技术关联(Technological Coherence)正向调节这一关系,当多元化技术组合之间的关联性较高时,技术多元化带来的收益更多。

Chiu 等(2008)选取台湾电子信息技术产业上市公司 1997~2005 年的面板数据,实证研究发现技术多元化对企业财务绩效有正向影响,不同的专业互补性资产(Specialized Complementary Assets)在这一关系间发挥不同的调节效应,保持技术多元化和互补资产之间的关联性有助于企业获得竞争优势。

Kim 等(2009)研究了韩国大型企业的技术多元化对财务绩效的影响,样本企业来源于韩国信用评级服务提供商 KIS(韩国投资者服务),技术多元化的测量采用韩国企业在美国专利商标局注册的专利信息,通过对 1990~2006 年的面板数据进行固定效应分析,发现对寻求新商业机会的企业而言,应该通过在更广的技术多元化战略领域投资来获得更多的技术资源,否则企业应该聚焦于核心技术以维持其财务绩效(托宾 Q 值)。

Manh（2010）的硕士学位论文基于动态范围经济的资源基础观，利用COMPUSTAT数据库的企业1984~2000年的面板数据，使用样本企业来自美国专利商标局的专利数据，实证检验发现技术多元化与企业财务绩效呈倒U形关系。

Chen和Chang（2012）以美国制药业企业为样本，研究以基于专利数据的熵指数测量的相关技术多元化（RTD）和不相关技术多元化（UTD）对企业技术能力和财务绩效的影响。实证分析发现，UTD与技术能力呈倒U形关系，而RTD对技术能力有显著的单调正向作用，并且RTD影响作用的显著性水平高于UTD，因此建议美国制药企业更应该实施相关技术多元化战略。此外，研究发现技术能力在RTD、UTD与企业财务绩效之间发挥中介作用，虽然RTD和UTD对企业财务绩效的直接影响不显著，但可以通过技术能力的中介作用间接促进财务绩效。采用同样的技术多元化测量方法，Chen等（2012）探讨了台湾半导体企业的RTD和UTD对创新绩效和企业成长性的影响。研究结果指出，RTD对创新绩效和企业成长性均发挥显著的积极作用，而UTD则与创新绩效和企业成长性均呈倒U形关系，且RTD的影响作用更为显著，因此研究建议台湾半导体企业应开展相关技术多元化战略。进一步研究发现，创新绩效在RTD和UTD对企业成长性的影响关系之间均发挥中介作用，也就是说，RTD和UTD不仅能够直接影响企业成长性，还可通过创新绩效的中介作用间接影响企业成长性。

Chen等（2013）以台湾智能手机企业为样本，基于权变理论，探讨了技术多元化战略对企业绩效的影响，以及不同组织冗余（可吸收冗余和不可吸收冗余）的调节作用。实证分析发现，技术多元化对以托宾Q值和市场增加值（MVA）测量的财务绩效有显著的负向影响，而对资产收益率（ROA）和经济增加值（EVA）的影响不显著，此外组织冗余对技术多元化与EVA、MVA的关系有调节作用，而对技术多元化与ROA、托宾Q的关系没有调节效应，因此研究指出，台湾智能手机企业在实施技术多元化战略时，应该考虑不同组织冗余资源的调节作用，从而有效提高企业的财务绩效。

Lin和Chang（2015）以165家S＆P制造业企业为样本，利用其2008年的横截面数据，对更有实力开展多元化技术创新的大型企业进行了研究。实证结果发现，技术多元化对大型企业的财务绩效和创新绩效都有积极的促进作用，并且企业内部吸收能力和外部环境动态性均可发挥增强技术多元化对企业绩效的正向影响。

Kim等（2016）基于韩国制造业企业的面板数据，探讨技术多元化对企业成长性的影响，以及企业独特的核心技术能力的调节作用。实证研究发现，首先，在不考虑技术多元化相关性分类的情况下，技术多元化水平与企业成长性之间呈倒 U 形关系，说明技术多元化水平不足和过度都会产生不良影响；其次，核心技术能力有助于减弱过度技术多元化带来的不利影响；最后，在研究不相关技术多元化时发现，高核心技术能力能够有效减弱不相关技术多元化与企业成长性之间的倒 U 形关系。以上研究结果表明，企业必须在确保优势核心技术能力的基础上，才能有效地实施和运用技术多元化战略，特别是不相关技术多元化，从而有效促进企业成长和发展。

2. 发表在中文期刊的文献

何郁冰（2008）是国内最早系统研究企业技术多元化的学者，在其博士学位论文中通过大样本问卷调查的方法得出如下结论：技术多元化对企业的财务绩效和创新绩效均有显著的促进作用，且受到环境动荡性和互补资产的正向调节；技术多元化对平台系列化产品战略和技术相关多元化产品战略均产生正向影响；这两种产品战略在技术多元化与企业财务绩效之间发挥完全中介作用，在技术多元化与企业创新绩效之间发挥部分中介作用。综合来看，产品创新战略是技术多元化促进企业绩效的内在机制（何郁冰，2011）。

贾军和张卓（2012a，2013）均利用我国沪深 A 股 107 家高技术上市公司 2004~2010 年的面板数据研究了技术多元化对企业绩效的影响，以及分别探讨了互补资产和技术关联的调节作用。实证结果均表明，企业技术多元化对财务绩效有正向影响。此外，贾军和张卓（2012a）发现，市场互补资产、人力互补资产正向调节技术多元化对企业财务绩效的正向影响，生产制造互补资产的调节作用未获得支持。贾军和张卓（2013）发现，技术关联在技术多元化和企业绩效之间发挥负向调节效应，因此建议我国高技术企业在实施技术多元化战略时应重视突破式创新。

郑朝然（2014）基于整合资源基础理论和动态能力理论，以我国沪深 A 股 5 个高新技术行业 98 家上市公司为样本，通过对其 2007~2012 年的面板数据进行实证分析发现，相关技术多元化（RTD）和不相关技术多元化（UTD）对企业财务绩效（ROA）均有正向促进作用，且 RTD 的影响更大；RTD 与企业价值（托宾 Q 值）之间呈 U 形关系，UTD 与企业价值之间呈倒 U 形关系，因此研究建议企业应着重提升相关技术多元化水平，而尽量将不相关技术多元化程度控制在对企业价值促进作用最大的有利区间。

张庆垒等（2014a，2014b）均以我国创业板上市公司为样本，实证分析发现创业板企业的技术多元化水平对企业财务绩效有显著的负向影响；行业竞争互动对这一影响作用有正向调节效应，行业竞争互动能够促使企业通过模仿和学习弥补技术多元化的不足从而提高财务绩效；环境动态性对技术多元化和企业绩效的关系发挥负向调节作用，并且负向调节行业竞争互动对主效应的调节作用。该研究说明处于成长期的中小创新型企业很可能不适宜开展技术多元化战略，而且企业在实施技术多元化战略时应该考虑行业竞争状态和环境动态水平。张庆垒等（2015）基于资源基础理论探讨冗余资源对技术多元化和企业绩效关系的调节效应，利用我国创业板316家企业2009~2012年的非平衡面板数据进行实证分析发现，技术多元化对企业绩效的影响作用不显著，非沉淀性冗余对主效应有正向调节效应，沉淀性冗余则发挥着负向调节效应，因此企业在实施技术多元化战略时必须考虑内部的冗余资源结构。张庆垒等（2016）利用2009~2012年我国创业板286家上市公司的非平衡面板数据探讨了企业内部资源、外部环境和制度对技术多元化和财务绩效关系的多层调节效应，实证分析发现内部可投入资源限制对主效应发挥负向的调节作用，环境动态性和制度环境对主效应分别发挥负向和正向调节作用，对可投入资源限制的调节作用也分别发挥负向和正向的调节效应，因此研究指出企业实施技术多元化战略应该综合考虑企业内部资源投入和外部环境特征的影响。

苏晓华等（2015）利用我国沪深A股电子信息产业49家上市公司2006~2013年的面板数据开展实证研究，探讨技术多元化对企业财务绩效的影响机制和有关调节效应，研究结果指出，技术多元化对企业财务绩效有显著的正向影响，技术创新在这一影响关系中发挥中介作用，但过度技术多元化会抑制技术创新水平；技术关联性发挥着增强主效应的调节作用，并且这一调节作用是通过技术创新实现的。

杨玉波等（2015）通过对我国5个高新技术产业107家上市公司2004~2012年的面板数据进行实证分析，发现企业技术多元化水平对财务绩效有显著的正向影响，与创新绩效呈倒U形关系，高管团队输出职能比例正向调节而多职业经历比例则负向调节技术多元化与绩效的关系。

王文华等（2015a）基于我国沪深A股112家高新技术行业上市公司2008~2012年的面板数据进行实证研究发现，技术多元化与企业财务绩效之间呈倒U形关系，企业技术整合能力和技术整合组织保障对这一倒U形关系均发挥着正向调节效应，因而研究指出，企业在实施技术多元化战略时应该同时注重提高技术整合能力和技术整合组织保障水平。王文华等（2015b）利用我国沪深两市A股高新技术行业112家上市公司2009~2013年间的面板数据，探讨企业技术多元化水平对财务绩效的影响，以及内部研发投入和外部环境动荡性的调节效应。实证分析结果得出，企业技术多元化水平对财务绩效具有倒U形影响，内部研发投入、外部市场环境动荡性、技术环境动荡性均能发挥增强技术多元化水平与财务绩效之间关系的调节效应。

张劲（2015）通过问卷调查的方法搜集了223家高新技术企业的有效问卷，从技术探索和技术挖掘两个维度衡量企业技术多元化，用财务绩效和创新绩效的指标共同拟合企业绩效水平。实证分析发现，技术多元化整体水平对企业绩效有正向影响，但其中的技术探索维度对创新绩效的影响不显著；技术多元化对吸收能力有显著的促进作用；吸收能力对企业整体绩效有积极影响，但其中的知识消化能力对创新绩效的作用不显著；吸收能力在技术多元化与企业绩效之间发挥部分中介作用。

陈立勇等（2016）基于我国5个技术密集型行业的122家上市公司2004～2012年的面板数据，实证研究发现技术多元化对企业财务绩效有显著的积极影响，内部知识吸收能力和外部市场动荡性都能够有效增强这种积极影响关系，但技术动荡性的调节效应未获得实证支持。

姜马（2016）在其硕士学位论文中探讨了技术多元化、技术凝聚性（Technological Coherence）对企业财务绩效的影响，以及互补资产的调节效应。通过对232家我国大型制造业企业2000～2010年间的非平衡面板数据开展实证分析发现，企业技术多元化水平对财务绩效具有倒U形影响，这一关系在高新技术企业、传统企业和国有企业中均显著存在，但在民营企业样本中，技术多元化对财务绩效呈正向影响；技术凝聚性对财务绩效的影响作用未获得实证支持；互补资产在技术多元化和财务绩效之间发挥正向的调节效应，但不同的互补资产（生产制造能力、市场互补资产、人力资本互补资产）在不同性质的企业中发挥不同作用：高新技术企业中，各类互补资产均发挥正向调节；传统行业企业或国有企业中，只有生产制造能力和人力资本互补资产发挥正向调节；民营企业中，只有市场互补资产发挥正向调节。

周舒凡（2016）的硕士学位论文同时考虑内部吸收能力和外部动态环境对技术多元化与企业绩效关系的调节效应，基于我国5个高新技术行业122家上市公司2004～2012年间的面板数据，通过多元线性回归研究发现，技术多元化对企业绩效有显著的促进作用，内部吸收能力和外部市场动荡性能够正向调节这一促进作用，技术动荡性的调节效应未获得实证支持。

徐娟（2016、2017）基于我国沪深A股新能源汽车行业46家上市公司2005～2015年的面板数据，根据核心技术能力理论，探讨技术多元化水平（相关和不相关）对企业绩效的影响，以及企业核心技术能力发挥的中介作用和调节效应。多元回归分析发现，技术多元化水平与企业财务绩效呈倒U形关系，高核心技术能力有助于减弱过度技术多元化对绩效的不利影响；不相关技术多元化与核心技术能力之间为倒U形关系，相关技术多元化则更为显著地正向影响企业核心技术能力。

3. 企业技术多元化对财务绩效影响研究的文献总结

通过对国内外探讨企业技术多元化与财务绩效之间关系的几乎所有文献进行梳理发现，大部分文献基本达成可靠的一致结论：除了以创业板上市公司为样本的研究表明技术多元化战略很可能并不适用于中小创业型企业外（张庆垒，2014a、2014b、2015），国内外学者的研究基本都认同技术多元化对企业财务绩效有显著的正向影响，或者更为普遍地看，二者之间呈倒 U 形影响关系，也就是说，适度的技术多元化水平会对企业财务绩效产生最大的促进作用，但过低或者过高的技术多元化水平都可能对企业财务绩效产生不利影响。在此结论下，首先需要继续探讨的是，企业如何推进技术多元化战略，哪些因素能够对企业的技术多元化水平产生积极影响，其次需要引起关注的是，如何对企业的技术多元化水平进行适当的管理和约束，使其尽量保持在最优区间，从而最有利于企业提升财务绩效，更好地经营和发展。由该结论引出的这两个问题正是本书研究问题和研究模型确定的依据，企业技术多元化对财务绩效的正向影响为过度自信管理者积极推进技术多元化战略提供了动机支持，而二者之间的倒 U 形关系则为探讨董事会结构的治理效应提供了逻辑前提。

此外，学者们也分析了企业技术多元化与财务绩效之间呈倒 U 形关系的原因，认为技术多元化对财务绩效主要存在两种相反的作用机制：范围经济和协调成本，因而会在不同情境下呈现出正向、负向，以及综合呈现倒 U 形影响的不同研究结果（张庆垒等，2016）。近年来，学者们将研究重点从单纯讨论企业技术多元化水平与财务绩效的关系，拓展到探讨相关技术多元化和不相关技术多元化的影响作用（Chen 和 Chang，2012；Chen 等，2012；郑朝然，2014；Kim 等，2016；徐娟，2016）、企业技术多元化与财务绩效之间影响关系的内在作用机制（何郁冰，2008、2011；Chen 和 Chang，2012；Chen 等，2012；苏晓华等，2015；张劲，2015；徐娟，2016）、企业内部资源（Chiu 等，2008；何郁冰，2008；贾军和张卓，2012a；Chen 等，2013；王文华等，2015b；姜马；2016；张庆垒等，2015、2016）、技术能力（Lin 和 Chang，2015；王文华等，2015a；Kim 等，2016；陈立勇，2016；周舒凡，2016；徐娟，2016、2017）、技术关联性（Leten 等，2007；贾军和张卓，2013；苏晓华等，2015；姜马，2016）、高管团队特征（杨玉波等，2015），以及外部行业竞争（张庆垒等，2014a、2014b）、动态环境（何郁冰，2008；张庆垒等，2014b；Lin 和 Chang，2015；王文华等，2015b；陈立勇，2016；周舒凡，2016；张庆垒等，2016）、市场制度（张庆垒等，2016）等各种因素的调节效应。

五、企业技术多元化的影响因素研究回顾

以上通过全面的文献梳理,得出了企业技术多元化对财务绩效具有正向或倒 U 形影响这一较为可靠的一致结论,并由此首先引出对"企业如何推进技术多元化战略,哪些因素能够对企业的技术多元化水平产生积极影响"这一问题的关注,该问题即企业技术多元化的影响因素问题。那么本部分将重点对国内外研究企业技术多元化前因因素的相关文献进行全面梳理和总结,从而了解该领域的研究现状。

1. 发表在英文期刊的文献

Bas 和 Patel (2005) 探讨了位于全球技术前沿的大型跨国企业技术国际化对技术多元化的影响,研究基于在两个时期 (1988~1990 年和 1994~1996 年) 具有最高专利申请水平的 345 家大型跨国公司的欧洲专利申请活动数据,通过回归分析得出,基于样本总体并未发现技术国际化和技术多元化之间有显著影响关系,然而当把样本根据各公司的主导国际化战略进行分类则发现,在实施母国基础扩张战略 (Homebase–augmenting Strategy) 的公司横截面数据中,技术国际化程度对技术多元化水平有显著的正向影响。

Chiu 等 (2010) 基于台湾 TSE 和 TOSE 证券交易所电子和信息技术产业 582 家上市公司 1997~2005 年间的面板数据,从多个角度探讨了企业技术范围的选择问题。通过实证分析得出,在外部环境方面,行业的环境包容性对企业实施技术多元化战略有积极的促进作用,而行业竞争程度越高会使企业倾向于技术专业化;在企业的战略导向方面,纵向一体化和高研发投入会正向影响企业的技术多元化水平;在企业资源禀赋方面,可恢复冗余资源对企业技术专业化战略具有正向影响。

Bos (2012) 基于 43 家最大的制药企业 1995~2002 年来自汤姆森 SDC 数据库和 EPO 数据库的面板数据探讨联盟组合多样性对企业技术多元化的影响作用,实证分析得出,联盟组合行业多样性对企业技术多元化水平有正向影响,联盟组合职能多样性与企业技术多元化之间呈 U 形关系,因此研究指出企业可以通过构建适当的联盟组合来提高其多元化技术能力。

Corradini 等 (2012) 基于 811 家拥有持续创新纪录共获得超过 66000 项专利 (来自 PATSTAT 数据库) 的英国小型创新公司 1990~2006 年间的面板数据探讨小型创新公司技术多元化的决定因素,尤其是分析了开拓新技术机会的需求与小型创新型企业通常具有的独特核心技术能力导致的路径依赖之间的权衡关系,实证研究发现技术机会数量与技术多元化水平之间呈倒 U 形关系,而以技术搜索和核心技术能力的一致性所定义的技术轨迹则更支持企业技术专门化。

Lin 和 Chen（2013）探讨了企业规模对技术多元化和技术聚合两类技术创新战略的影响。通过将中国信息与通信技术（ICT）行业的样本企业分为小型企业、中型企业和大型企业三种进行实证分析发现，小型企业的技术多元化水平高于中、大型企业，大部分中国大型企业聚焦于专门的技术；从技术聚合的角度，少量的大型企业拥有大部分的聚合技术资源。所以研究得出结论：中小型企业更倾向于实施技术多元化战略，而大型企业更偏重致力于技术聚合战略。

Lai 和 Weng（2013）指出，企业技术基础范围的决定因素包括能够影响企业技术专业化或多元化程度的一些因素（技术知识距离、网络中心度、互补资产），基于 2000~2007 年台湾 248 家电子和信息技术企业面板数据的实证分析发现，技术联盟并不会使企业的技术基础随时间推移变得更多元化，利用外部技术知识的决定因素包括技术知识距离、网络中心度和互补资产，首先技术知识距离与企业的技术基础范围之间呈倒 U 形关系，其次单纯考虑网络中心度和技术知识距离不能确定企业的技术基础范围，最后通过将互补资产和技术知识距离、网络中心度相结合，企业的技术基础将收敛。

Ozman（2014）基于已授权专利数据利用信息与通信技术产业 222 家企业 1995—2003 年间的面板数据研究企业内部的创新者网络结构对企业技术多元化水平的影响。实证结果指出，研发团队中的创新者之间的联结强度与企业的技术多元化水平是非线性的，也就是说虽然创新者之间的联结强度可以促进企业的技术多元化水平，但这种促进作用是有限度的，在超过最优值后，强联结会阻碍网络成员接纳新事物的能力从而抑制技术多元化水平。此外，研究还发现创新者网络的无标度量对企业技术多元化水平具有负向影响。

Lee 和 Kang（2015）指出对技术密集型创业企业进行风险投资（Corporate Venture Capital，CVC）被认为是一种为应对未来变革创造多元化备选技术的有效投资战略，但少有实证研究验证 CVC 与投资者技术多元化之间的关系。该研究通过对 5 个高科技产业公司投资者 20 年的面板数据进行实证分析，发现 CVC 总量和组合公司的行业多样性与公司投资者技术多元化水平之间呈非线性关系（倒 U 形影响关系），而且公司投资者的吸收能力能够正向调节 CVC 与技术多元化的关系。

Corradini 等（2016）探讨了英国小型创新企业技术多元化水平的影响因素，通过对在 1990~2006 年间共获得约 7000 项专利的 339 家英国小型企业开展纵向研究发现，技术多元化并不仅仅是一项大型企业专有的活动，从而颠覆了认为创新型中小企业几乎没有多元化技术而极其专注于专业化技术的主流观点。研究结果指出，小型创新企业外部的技术发展机会数与企业的技术多元化水平之间呈非线性关系（如倒 U 形），展现了在越来越动态多变的技术背景下技术探索和技术开发之间的权衡关系。研究还发现，具有有效创新成果的小型企业会更多地将其创新活动聚集在相似的技术能力上，而在过去引入平台技术的企业则更可能实施技术多元化。

2. 发表在中文期刊的文献

何郁冰和陈劲（2010）通过问卷调查法搜集191份有效问卷，基于结构方程模型开展了实证分析，研究结果发现，企业的技术多元化战略是一个长期而复杂的过程，组织学习、创新导向文化、内部资源禀赋和外部技术关联都对企业实施技术多元化战略发挥着显著的促进作用，企业应该借助开放式创新来有效拓展多元化技术知识和能力。此外，研究还发现，外部技术关联特别是大学和科研院所等专业技术源对企业技术多元化的影响作用最弱，这是值得我国企业重视并加强的地方。

贾军和张卓（2012b）基于2004~2010年107家中国高新技术上市公司的面板数据，研究外部环境、企业运营状况和备用资源对企业技术范围选择的影响作用。通过构建多元线性回归模型开展实证分析发现，环境包容性、产业吸引力、产业竞争度、技术关联度、财务绩效、组织备用资源与技术多元化选择有显著的正向影响，垂直集成度有显著的负向影响，无形资产的影响不显著。

潘鑫等（2014）从宏观视角出发，利用2001~2011年我国各省市在30个技术领域的专利申请数所构成的面板数据开展了技术多元化的前因影响要素研究。实证分析结果表明，内部研发投入和外部技术获取支出都能够提高技术多元化水平；在考虑地区因素的情境效应后发现，在科技水平较高的地区，外部技术获取支出对技术多元化水平的正向影响更大，但地区因素对内部研发投入和技术多元化关系的调节作用并不显著。

王元地等（2015）探讨了我国企业专利技术引进对企业技术多元化水平的影响，利用Tobit模型对我国181家企业2002~2005年的专利技术引进形成的面板数据进行分析，实证研究发现：跨技术领域引进技术对企业技术多元化水平存在负向影响；引进专利的技术距离会对企业技术多元化产生影响，具体而言，引进国外的技术专利更能够促进企业技术多元化水平；许可引进的相对技术年龄对企业技术多元化水平具有倒U形影响。

曾德明等（2015）基于汽车行业1985~2010年协作研发网络中的3800家企业申请专利和参与制定技术标准的面板数据，通过负二项随机效应模型开展实证分析。研究发现，在协作研发网络中处于度数中心度和结构洞丰富度越高位置的企业，其技术多元化程度越高，并且企业技术多元化水平在网络位置与企业在技术标准制定方面的影响力之间发挥着显著的中介作用。

何瑞芳（2015）利用合作专利数据来构建企业间的研发联盟，探讨研发联盟中成员的技术异质性对目标企业技术多元化水平的影响，以及冗余资源的影响和调节作用。通过对我国电子信息制造业 156 家上市公司 2003～2013 年间的面板数据开展多元回归分析，研究结果发现：研发联盟中各成员的技术异质性对目标企业的技术多元化水平具有倒 U 形影响；未吸收冗余资源对目标企业技术多元化水平有显著的正向影响，并且对主效应发挥增强调节作用；已吸收冗余资源对企业的技术多元化水平具有减弱作用，对主效应的调节作用不显著。

3. 企业技术多元化的影响因素研究文献总结

通过上文对企业技术多元化影响因素研究相关文献的梳理可知，与企业技术多元化对财务绩效的影响研究相比，企业技术多元化前因因素领域的研究开始得较晚、数量较少、结论尚不统一，绝大部分文献零星分布在 2010 年之后。目前学者们对企业技术多元化的影响因素研究涉及的角度主要有：企业内部资源禀赋（Chiu 等，2010；何郁冰和陈劲，2010；贾军和张卓，2012b；Lai 和 Weng，2013；何瑞芳，2015）；其他经营和战略活动的影响（Bas 和 Patel，2005；Chiu 等，2010；贾军和张卓，2012b；Lee 和 Kang，2015）；资源投入（内部研发投入或外部获取投入）（Chiu 等，2010；潘鑫等，2014）；企业规模（Lin 和 Chen，2013）；组织学习（何郁冰和陈劲，2010）；企业文化（何郁冰和陈劲，2010）；技术发展机会（Corradini 等，2012、2016）；联盟组合特征（Bos，2012；Lai 和 Weng，2013；何瑞芳，2015）；企业所处网络特征（Lai 和 Weng，2013；Ozman，2014；曾德明等，2015）；外部环境或行业特征（Chiu 等，2010；贾军和张卓，2012b）；技术专利引进特征（王元地等，2015）；外部技术关联（何郁冰和陈劲，2010）。

经过以上梳理可见，当企业技术多元化作为结果变量，企业内外部的各种资源、能力、经营活动、个体、团队、环境、结构等多个角度和维度的因素都可能对其产生影响，虽然企业技术多元化的前因研究文献尚不丰富，但涉及的角度和维度却非常多样和广泛，难以形成统一的归类汇总。

纵观已有文献，鲜有研究从战略决策的角度研究企业是如何推进技术多元化战略的（何郁冰和陈劲，2012）。企业的战略决策必然与战略决策者的特征相关，包括战略决策者的心理特征，这正是本书选题的切入点。本章下一节将回顾企业战略决策者的一种心理特征——管理者过度自信的相关文献。

第二节　管理者过度自信文献综述

管理者过度自信的研究起源于决策管理学派大师 Herbert A. Simon 对古典

经济学中理性"经济人"假设的修正。因此,本节首先回顾有限理性假设的提出及应用;其次介绍本书最重要的理论基础——基于有限理性假设构建的高阶梯队理论的发展过程;再次介绍管理者过度自信的内涵与来源;又次对管理者过度自信的衡量方法进行梳理和总结;最后回顾管理者过度自信的相关实证研究,并基于已有的研究成果对过度自信管理者的决策偏好做出推论。

一、有限理性假设

古典经济学的一个重要前提假设是将经济的参与者设定为理性"经济人",其行为特征是在做出经济决策时对与决策相关的所有要素都完全了解,并且以最大化经济利润为唯一目标。然而这种严格的假定与现实中经济参与者——"人"的实际认知和决策能力严重不符,以理性"经济人"为前提提出的诸多经济模型也常常难以准确地解释人类的经济行为。从20世纪50年代发展起来的认知心理学对古典经济学的这一前提假设产生了巨大的冲击和改变。认知心理学(Cognition Psychology)是以人类心理活动中的认知过程为研究对象的一门科学,认为人们在认知过程中所具备的信息和知识是不完全且复杂多变的,同时人们无法准确地利用这些不完备且复杂多变的信息和知识,导致在判断决策中容易产生偏差。

认知心理学的兴起和发展使学者们开始反思和质疑古典经济学的理性"经济人"假设,其中最具代表性的是决策理论学派的创始人 Herbert A. Simon(赫伯特·西蒙),他在其奠基之作 *A Behavioural Model of Rational Choice* 中首次提出了有限理性的观点(Simon,1955),并在后续的《管理行为》等著作中进行了深入阐述和逐步完善。所谓有限理性,是介于完全理性和非理性之间的一种状态,是指人们主观上追求科学理性,但客观上只能有限地做到理性决策的行为特征。毋庸置疑,有限理性更为逼真地刻画了现实中人的认知和决策行为。人们在决策时之所以是有限理性的,主要有三方面的原因:①人们掌握的信息和知识是不完备的。虽然人类开发了各种设备、仪器、通信手段以更好地感知其所生存的世界,但事实上人类永远不可能完全了解真实的世界。何况,每个人对外界的感知能力、理解能力、记忆能力和加工能力各有不同,但相同的是这一系列的认知过程如同一个漏斗,决策者能够真实掌握并准确反馈的信息和知识是非常有限的。②决策者的目标是多元的,而不仅仅是利润最大化。现实中的决策者不仅是"经济人",更多的是"社会人",需要权衡多方面的利益关系。③人们的决策偏好是不稳健的,而非明确和一成不变的,常常在不同情境下因受到时间、人际、个人状态等多方面压力的影响而做出不一致的决策判断。基于以上原因,Simon 提出了有限理性"管理人"的概念来刻画现实中的管理者,"管理人"具有多元的目标和价值取向,其拥有的信息和知识、具备的经验和能力都是有限的,其行为受到多方复杂动态因素的制约,有时候甚至是相互冲突和矛盾的,因而在实际中,"管理人"无法,也不奢望寻找到"最优解",而往往根据"满意性准则"开展决策。1978 年,Simon 因在经济组织的管理行为和决策研究领域做出的巨大贡献而获得了诺贝尔经济学奖。

Simon 之后的诸多学者在有限理性假定之下,逐渐将认知心理学和决策心理学的概念和行为特征引入经济学研究领域,形成了以行为决策研究为特征的行为经济学,代表性学者和理论主要有:Tversky 和 Kahneman(1974、1979、1986、1992)提出的前景理论(Prospect Theory)和三类启发式认知偏向(Heuristic Bias),Thaler(1985、2008)提出的心理账户概念(Mental Accounting),Shefrin 和 Thaler(1988)提出的行为生命周期假说(The Behavior Life-cycle Hypothesis),Tversky 和 Koehler(1994)提出的主观概率支持理论(Support Theory),Hsee(1996)提出的衡量能力假说(Evaluability Hypothesis)等等。近年来,心理学的概念也被逐渐引入企业管理研究领域,但现有的研究成果尚不丰富,具有较大的发展前景。其中过度自信心理偏差影响管理者经营和战略决策领域的研究相对成熟,为本书从战略决策者心理特征的视角来探讨企业技术多元化战略的实施问题奠定了基础。

二、高阶梯队理论

基于有限理性假设的高阶梯队理论是企业战略管理领域最重要的理论之一,也是本书研究选题最核心的理论基础。在高阶梯队理论提出之前,主流的战略管理研究都将"企业"作为一个整体来分析,却无法打开这一黑箱,具体探讨企业中的"人",特别是作为战略决策者和主导者的管理者对企业经营战略活动的影响和作用机制。1984 年,美国学者 Hambrick 和 Mason 的著名代表作 *Upper Echelons: The Organizaiton as a Reflection of Its Top Managers* 发表于管理学顶级期刊 *Academy of Management Review*,正式创立了高阶梯队理论(Upper Echelons Theory,UET),开启了企业战略管理和领导力研究的新领域。

高阶梯队理论主要描述了企业高层管理者的战略决策过程,如图 2-1 所示(Hambrick 和 Mason,1984)。企业中的高层管理者是经营战略的决策主体,他们具有各自不同的心理特征和人口统计学特征,其中心理特征表现在每个高管独特的价值观、个性、认知类型和认知模型,可观测的个体人口统计学特征主要包括性别、年龄、学历、专业、职业经历等方面。心理特征和人口统计学特征在一定程度上相互影响,因而在实证研究的初期,由于心理特征通常难以测量，学者们常常用人口统计学特征来代替心理特征。高层管理者的心理特征和人口统计学特征使其表现出个性化的取向和偏好，作为整体的高层管理者团队（Top Management Team，TMT）也可表现出代表群体性高层决策取向的行为特征。这种高层取向体现了高层管理者的有限理性，包括一套由三个阶段构成的信息过滤或称为信息处理过程。在进行战略决策时，战略情境中的所有组织和环境因素作为源头信息经由高层管理者的受限的洞察力、选择性认知和解释过程，使有限理性的高层管理者形成经由其取向和偏好处理后的对现实的理解和诠释，从而在诠释现实的基础上做出战略决策，最终对企业经营绩效产生影响。可见，高阶梯队理论揭示了高层管理者特征在企业战略决策以及经营绩效方面的巨大解释力，组织是高层管理者个性化特征的一种反映（Hambrick 和 Mason，1984），即便面对相同的组织和环境战略情境的两家企业，不同取向的高层管理者或高管团队会有不同的个性化诠释，并在此基础上形成两家企业之间战略选择和绩效方面的差异。

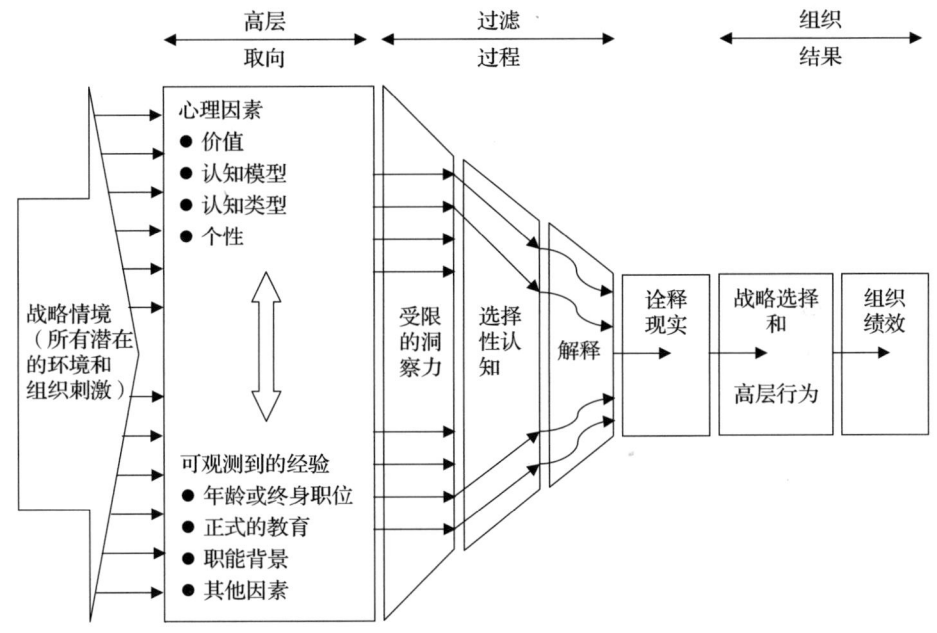

图 2-1 有限理性下的战略选择：高管诠释的现实

资料来源：Hambrick D C，Mason P C. Upper echelons：The organization as a reflection of its top managers [J]. Academy of Management Review，1984，9：193-206.

高阶梯队理论的基本逻辑是"高层管理者特征—战略决策—企业绩效"，如图 2-2 所示（Hambrick 和 Mason，1984），该理论主要关注企业战略决策者即高层管理者的特征,将企业看作是一个由个体、团队、组织构成的多元多层次的整体系统。从 Hambrick 和 Mason (1984) 的开创性研究之后,诸多学者基于这一理论逻辑框架开展了丰富的探索和研究。由于心理特征测量难度较大,大部分研究基于高层管理团队的人口统计学特征研究其对企业战略和绩效的影响,该领域的研究可以分为两类:其一是探讨高层管理团队人口统计学特征的平均值对企业战略和绩效的影响,如团队成员的平均年龄、平均学历、平均任职期限等人口统计学特征对企业多元化、技术创新、并购等战略的战略选择和战略决策速度,以及对财务绩效、创新绩效、成长性等变量的影响作用 (Finkelstein 和 Hambrick, 1990; Wiersema 和 Bantel, 1992; Tihanyi 等, 2000; 陈传明和孙俊华, 2008; 马富萍和李太, 2011; 韩静等, 2014; 李端生和周虹, 2017);其二是探讨高层管理团队成员人口统计学特征的异质性对企业战略和绩效的影响,如团队成员的年龄异质性、性别异质性、学历异质性、专业背景异质性、任期异质性、文化异质性、种族异质性、风险偏好异质性等特征的影响 (Hambrick 等, 1996; Kilduff 等, 2000; Carpenter, 2002; Richard 等, 2004; 白云涛等, 2007; 朱国军等, 2013; 蔡俊亚和党兴华, 2015)。

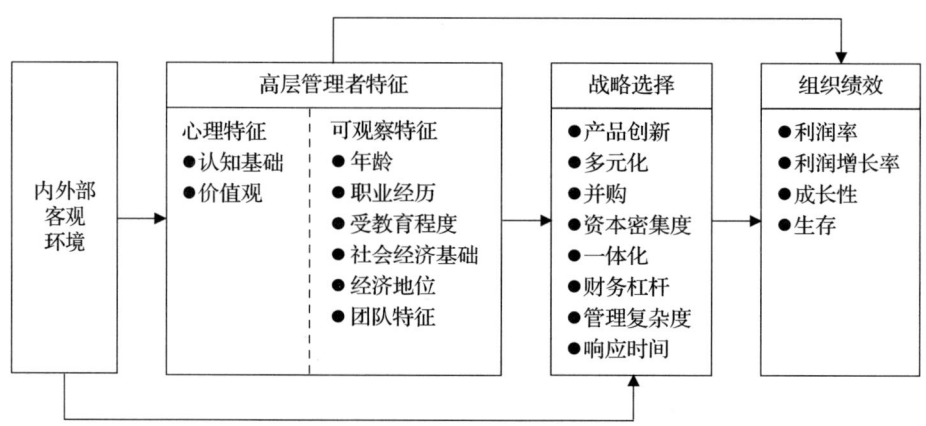

图 2-2 第一代高阶梯队理论模型

资料来源:Hambrick D C, Mason P C. Upper echelons: The organization as a reflection of its top managers [J]. Academy of Management Review, 1984, 9: 193-206.

随着高阶梯队理论的研究成果日益丰富,反过来推动了理论的进一步发展和完善。为了揭开高层管理团队的内部运作过程和机制的"黑箱",Hambrick (1994) 提出了高层管理团队"行为整合"的概念,强调高层管理团队成员之间行为的互动和整合比单个高层管理者的行为更具有解释力。Smith 等

(1994)、West 和 Schwenk（1996）、Simons 等（1999）、Carpenter 和 Fredrickson（2001）、Mooney 和 Snnenfeld（2001）、Hambrick（2007）等研究基于"行为整合"观，进一步探讨了高层管理团队内部的决策一致性、团队判断模型、交流和整合、激励、冲突、权力分配和制衡等运作机制对高管团队决策效率或企业绩效的影响关系。同时，学者们继续探索影响高层管理者行为和行使决策权力的边界条件，发现了管理自主权或称自由裁量权的重要调节效应（Hambrick 和 Finkelstein，1987；Finkelstein 和 Hambrick，1990）。管理自主权受到高层管理者个人特征、管理活动、内部组织和外部环境的影响（Finkelstein 和 Peteraf，2007）。此外，Hambrick 等（2005）提出了另一些重要的情境因素，如高层管理者个人抱负、业绩挑战性等，进一步将心理学和组织行为学中的动机、激励等理论与高阶梯队理论相融合。

Carpenter 等（2004）对学者们在高阶梯队理论研究领域二十年的研究成果进行了归纳和总结。他们将 Hambrick 和 Mason（1984）提出的高层管理者战略选择模型称为第一代 UET 模型，将融合了二十年研究成果的、完善后的新模型称为第二代 UET 模型，如图 2-3 所示。第二代 UET 模型对各变量的内涵进行了更加系统全面的梳理，最大的贡献是融合了高层管理者对企业战略和绩效影响的作用机制和调节效应：中介变量的纳入有助于揭示高层管理者开展战略决策的具体过程和机制；管理自主权、董事会结构、高管团队行为一致性和内部权力分配等调节变量则限定了高层管理者对企业战略或绩效影响作用的边界（Carpenter 等，2004；Hambrick，2007）。管理自主权是最为重要的调节变量，是高阶梯队理论成立的前提，只有当高层管理者拥有管理自主权才能进行战略决策，因此管理自主权的大小必然会影响高层管理者的决策行为（Crossland 和 Hambrick，2011）。

在 Carpenter 等（2004）之后，高阶梯队理论领域的研究最主要的变化就是不断打开了"人口学背景黑箱"，改变过去简单地用高层管理者的人口统计学特征衡量其心理特征的研究方法，开始使用能够紧密反映心理学构念内涵的客观测量方法，或者直接对高层管理者的心理特征进行测量（Bollaert 和 Petit，2010；汪金爱和宗芳宇，2011）。这一改变不仅提高了心理学构念的效度，也提高了研究的信度，使高阶梯队理论实证研究的解释力极大增强，对于心理特征的研究从早期单一的心理控制点（Locus of Control，LOC）（Miller 和 Toulouse，1982；Boone 和 De Brabander，1993）的研究向多领域多维度的心理特征拓展，主要涉及自负（Hayward 和 Hambrick，1997；Li 和 Tang，2010）、过度自信（Simon 和 Houghton，2003；Malmendier 和 Tate，2005、2008；Brown 和 Sarma，2007）、乐观（Glaser 等，2008）、自恋（Maccoby，2004；Chatterjee 和 Hambrick，2007；Gerstner 等，2013）、核心自我评价（Hiller 和 Hambrick，2005；Judge 等，2009；Simsek 等，2010）、情绪稳定性（Colbert 等，2014）等方面。

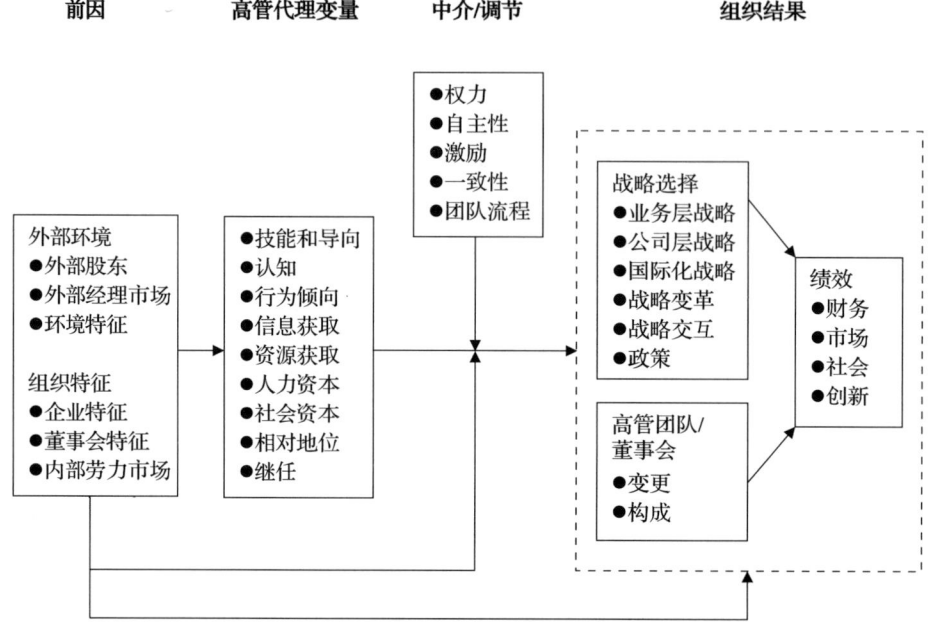

图 2-3　第二代高阶梯队理论模型

资料来源：Carpenter M A, Geletkanycz M A, Sanders W G. Upper Echelons Research Revisited: Antecedents, Elements, and Consequences of Top Management Team Composition [J]. Journal of Management: Official Journal of the Southern Management Association, 2004, 30（6）: 749-778.

Roll（1986）首先提出了企业并购的"狂妄自大"假说（Hubris Hypothesis），现有研究对自负（Hubris）和过度自信（Overconfidence）的内涵并不进行严格区分，但在行为经济学和行为企业理论研究领域更多地使用后者，本书将同时回顾管理者自负和过度自信两方面的相关研究。学者们基于中国情境开展的高层管理者心理特征的研究中，管理者过度自信获得的关注最多，这主要是因为国内外相关文献中对管理者过度自信的变量测量方法较为丰富且大多数得到普遍认可，并且测量所需的数据在我国较易获取。

三、管理者过度自信的内涵与来源

最早关于过度自信内涵的论述出现在 Adam Smith 的《国富论》一书中："人们往往高估赢的几率，而低估损失的几率。"过度自信是决策心理学中最稳健的发现之一（De Bondt 和 Thaler，1985），是现实生活中人们常常表现出的一种行为和心理特征。大量心理学研究表明：人们经常把成功的原因归功于自己，却把失败的原因归咎于他人或外部因素（Weiner 和 Kukla，1970）；人们往往倾向于高估自身具备的知识和能力，以及其成功的概率和自身对成功的贡献度（Wolosin 等，1973；Langer 和 Roth，1975；Taylor 和 Brown，1988），等等。此外，很多心理学研究结果发现，个体的过度自信水平与其所从事的职业有关联，医生和护士（Baumann 等，1991）、工程师（Kidd，1970）、投资银行家（Staël Von Holstein，1972）、企业管理者（Russo 和 Schoemaker，1992）等职业的从业者常常表现出过度自信。

Merrow 等（1981）通过对美国能源行业的设备投资情况开展调查发现，设备投资成本的实际值常常是企业管理者估计值的两倍以上。Cooper 等（1988）对2994个美国企业家开展了问卷调查，经过统计发现被调查的样本中，有81%的企业家认为他们成功的概率至少有70%，有33%的人甚至认为他们100%会成功，但事实上，约75%的新创企业持续时间不超过5年，也就是说只有约25%的企业家成功了。可见大部分美国企业家都倾向于低估经营新创企业的难度，高估自身经营企业的能力，表现出过度自信的心理特征。类似地，对法国企业家的调查统计也发现了这一现象（Landier 和 Thesmar，2009），56%的法国创业企业家认为其企业具有良好的发展前景，而仅有6%的创业者预测其经营可能遇到困难；三年之后的再次调查结果提供了更有力的辅证，经过三年的发展，事实上仅有38%的创业企业具有较好的经营表现，而17%的创业者都遭遇了困境。其他学者的研究也发现企业的高级管理者比普通员工更容易也更普遍地表现出过度自信的行为特征（Gervais 和 Odean，2001；Glaser 等，2008）。这可能是由于企业的管理者常常要面临各种复杂环境、做出影响重大的决策、领导和协调内外部各种关系，其所承担的工作具有较高的专业性和难度，因而更容易表现出过度自信的心理和行为特征（Landier 和 Thesmar，2009）。

虽然无论个体过度自信或管理者过度自信都是现实中易于观察和理解的一种行为特征，但在心理学领域却难以对其内涵形成统一的界定。从20世纪60年代开始，过度自信（Overconfidence）这一概念便经常出现在与概率判断相关的心理学实验和研究中。校准（Calibration）是指人们对概率的判断值与实际值的接近程度（Fischhoff 等，1977），基于此概念，心理学家将过度自信定义为人们对概率的判断值高于实际值的一种校准偏差（Miscalibration）。这种界定虽然可以揭示过度自信的本质，但却无法充分展现过度自信的内涵。人们的过度自信行为特征可能来源于不同的心理机制，这些不同的心理机制在一些研究中被学者们称为"过度自信的来源"或"过度自信的产生原因",另一些研究中则被称为"过度自信的表现",这体现了学者们从不同角度的理解,都有一定的道理。本书使用"过度自信的来源"这一称谓,将过度自信视作一个综合的概念,人们表现出的过度自信行为特征可能来源于一种或多种的内在心理机制。以下将对与管理者过度自信相关的五个心理机制来源进行详细梳理。

(1) 控制幻觉(Illusion of Control)。Langer(1975)首先提出了控制幻觉的概念,他发现人们在购买彩票时,会强烈地偏好自己挑选而非随机分配,但事实上这两种方式中奖概率并无差别,由此发现了人们对控制幻觉的偏好。在企业管理领域,控制幻觉是指企业的管理者特别是高层管理者由于对企业各项经营和战略均具有较强的决策权力,从而容易使高管产生一种自己能够掌控各项决策的结果,而忽略一些影响决策成败的不可控因素的幻觉。事实上,影响决策结果的因素是复杂的,并且各项因素都是动态变化的,因而任何一项决策都必然存在失败的风险。如果高管拥有较大的决策权力,产生的控制幻觉使其常高估自身对不确定性决策结果的控制力,从而高估决策成功的概率,低估决策的风险和失败的概率,表现出过度自信的行为特征(Weinstein,1980;March 和 Shapira,1987)。

(2) 自我归因偏差(Self-attribution Bias)。自我归因偏差是指人们倾向于将成功的原因归功于自己,却将失败的原因归咎于他人、运气等外在因素。Bem(1965)提出了自我归因理论,认为人们在回顾和总结自身经历时常常进行有偏地自我归因,将成功事件的来源归为自身知识和能力水平较高,从而增强了自信程度,但却经常忽略失败事件或者不从自身寻找原因,并不认为是自身水平有限导致了失败。Weiner 和 Kukla(1970)的研究也表明,人们在解释事件结果的原因时,通常归结为个人能力、努力水平、事件难度和运气四个方面,当成功时常常归因于个人能力和努力,而失败时出于"后悔厌恶"的自我保护心理则将责任推卸给任务很难或运气不佳等外界因素。Daniel 等(1998)的研究指出,已经获得成功的人往往将成功的原因归功于自身的学历、丰富的知识和超强的个人能力,所以成功人士更容易表现出基于自我归因偏差的过度自信。而且自我归因偏差使成功者在成功的过程中形成了逐渐强化的动态过度自信。毋庸置疑,企业的管理者,特别是高层管理者属于整个企业甚至社会体系的成功群体,即便在其职业生涯的初始阶段并不过度自信,但顺畅的职业晋升经历使其逐渐收获了一路成功,而普遍存在的自我归因偏差促使其自信程度不断增加,从而最终表现出过度自信。Larwood 和 Whittaker(1977)、Bettman 和 Weitz(1983)、Gervais 和 Odean(2001)的研究均发现企业的高层管理者显著表现出这种有利自我的归因偏差。Doukas 和 Petmezas（2007）发现初次并购成功的管理者会倾向于实施更多的并购交易，这源于管理者的自我归因偏差心理机制。

（3）知识幻觉（Illusion of Knowledge）。随着决策相关信息的增多，决策者的信心大幅提升，但决策的质量并未提高的现象被称为知识幻觉（Oskamp, 1965）。企业的管理者认为随着自身掌握的与决策相关的信息和知识的增多，其所做出的决策和判断会更加准确和有效。然而事实上，虽然决策的准确度的确和决策者掌握的信息量相关，越多的信息量对越准确决策的正向影响却存在于一定范围之内，超过这一范围之后，新信息的边际贡献非常有限，但高管由于处于企业经营管理的核心位置，各方面的信息会源源不断地涌聚过来，信息量的不断增多甚至"信息爆炸"会使企业的管理者产生知识幻觉，过分高估所掌握信息的重要性及其对决策后果的影响，从而表现出过度自信。Russo 和 Shoemaker（1992）研究指出，超过 99% 的管理者都会高估自己掌握的信息和知识重要性，从而高估自身的经营能力和公司的盈利水平。

（4）优于平均幻觉（Better than Average）。当人们对自身知识或能力水平进行评价时，常常表现出认为自己优于平均水平的自利性幻觉（Larwood 和 Whittaker, 1977；Svenson, 1981；Zenger, 1992；Kruger 和 Dunning, 1999；Larrick 等, 2007；Glaser 和 Weber, 2007）。这种优于平均的幻觉在日常生活中非常普遍，如 Svenson（1981）的实验研究表明，93% 的美国学生（22 岁）、69% 的瑞典学生（33 岁）和 90% 的出租车司机认为自己的驾驶技术优于平均水平。企业的管理者作为职业生涯较为成功和顺利的群体，在职业发展过程中积累的自信也使其很容易表现出优于平均幻觉，从而表现出过度自信，有很多管理者甚至具有"难度效应"（Griffin 和 Tversky, 1992），期待通过难度较大的项目来展现自己优于常人的知识水平和个人能力。

（5）过度乐观（Overoptimistic）。过度乐观体现了人们在预测未来事件表现出来的不切实际的美好想法，人们会期盼好的、积极的事情更多地发生在自己身上的概率高于发生在别人身上（Weinstein, 1980），甚至对一些随机事件也抱持着毫无根据的乐观期待（Kunda, 1987），过高估计小概率有利事件发生的可能性，如参与博彩活动，或认为大概率事件肯定会发生，将预测的置信区间设置得较为狭窄（Fischhoff 等, 1977）。过度乐观常常表现为高估有利事件发生的概率、低估不利事件出现的可能性、低估事件的难度和风险。心理学实验研究发现，很多人会高估自己完成某项任务的速度（Buehler 等, 1994）。企业管理者常常表现出过度乐观（Lin 等, 2005），高估企业的持续经营概率（Landier 和 Thesmar, 2009）或财务绩效（Heaton, 2002）。

四、管理者过度自信的衡量方法回顾

虽然 Roll 早在 1986 年就提出了管理者的"狂妄自大"假说，但直到 2005 年 Malmendier 和 Tate 提出具有可操作性的衡量方法之后，相关的实证研究才逐渐丰富起来。过度自信作为人的一种心理特征，无法被直接观测，在研究中学者们主要根据管理者表现出来的行为特征来判断其是否具有过度自信的心理特征。管理者过度自信的实证研究经过十余年的积累和发展，国内外的多位学者基于方法的有效性和数据可获得性，已经提出了多种普遍获得认可的衡量方法，本书将对其进行具体梳理。值得注意的是，国外学者对管理者过度自信的研究通常针对 CEO 过度自信，而中国情境下的管理者过度自信研究则更多地以高层管理团队的群体决策行为是否体现出过度自信特征为研究对象。

1. 英文文献对管理者过度自信的主要衡量方法

（1）CEO 股票期权行权或持股状况。Malmendier 和 Tate 于 2005 年首次提出通过考察 CEO 股票期权的行权状况或持有本公司股票的变动情况来判断其是否过度自信。股权激励是通过向管理者授予公司股票期权或股份使其能够参与公司经营绩效的利润分配，从而促使其以主人翁的心态更加勤勉负责地履行经营管理公司各项业务的职责。然而，分享利润也意味着共担风险，同时由于管理者人力资本具有很强的资产专用性，理性的管理者会认为长期持有本公司大量股票期权和股份不利于分散个人收益风险，当公司经营不善或市场表现不佳时，个人的股权收益、薪酬待遇和职业前景都会受到很大的不利影响。因而理性的管理者会选择在合适的时机行使股票期权或减少持有的股份以分散资产配置、规避公司特定风险。基于这一逻辑 Malmendier 和 Tate（2005a）设计了三个通过 CEO 股票期权行权和持有股份变化状况来衡量其是否过度自信的标准：第一，CEO 在其五年任期内，如果所持有的股票期权两次超过 67%（该值为 Malmendier 和 Tate 根据市场客观数据计算出的，通常 CEO 们在行权期内应该行权的溢价最小值）却没有行使股票期权；第二，CEO 一直持有本公司股票期权直至到期日；第三，CEO 任职十年以上，并且在近五年内持有的本公司股份净增长的年份超过近五年内持有本公司股票净减少的年份。以上三个判断标准只要满足一条即确定为过度自信的 CEO，这三个标准所代表的行为都意味着该公司的 CEO 认为本公司的股权比市场上的其他资产更有价值、更值得持有，说明 CEO 对公司的经营状况和盈利能力充满信心，也就是对自己的经营管理能力充满自信。Malmendier 和 Tate（2005a）基于以上标准，对福布斯排行榜 500 强美国大公司中 477 位持有本公司股票期权的 CEO 在 1980~1994 年间行权状况的面板数据进行分析，发现过度自信的 CEO 其最终股权行权所获得的收益并不显著高于同期 S&P500，说明这些 CEO 推迟行权的原因并非内部信息，而是出于对公司经营业绩的过度自信。

（2）盈余预测偏差。基于盈余预测偏差的衡量方法包括两类：第一类是 Lin 等（2005）提出的 CEO 盈余预测值偏差法，即通过考察 CEO 盈余预测高估的比率来衡量 CEO 是否过度自信。如果 CEO 对自己的管理能力和企业未来发展前景比较乐观，就会倾向于做出向上偏误的预测（Upwardly-biased Forecast），也就是高估盈余水平；反之，则会做出向下偏误的预测（Down-biased Forecast）。Lin 等（2005）对台湾 1130 家上市公司在 1989~2004 年共 8967 个盈余预测观测值进行分析，将做出两次及以上盈余预测的样本中，向上偏误的盈余预测次数多于向下偏误预测次数的 CEO 定义为过度自信的 CEO。

第二类是 Ben-David 等（2007）提出的盈余预测区间偏差法，这种方法基于心理学研究成果，他们发现个体过度自信的一种表现是高估自己判断的准确性，低估判断失误的风险方差，也就是把判断的置信区间设置得比较狭窄。Ben-David 等（2007）于 2001~2005 年连续五年请 536 家美国上市公司的 CFO 每个季度估计 S&P500 的股票市场收益并给出该估计值 80% 的置信区间，置信区间范围越窄表明该 CFO 对估计值的准确率越自信，置信区间越宽则表明该 CFO 认为估计值的不确定性较大。如果事后实际的股票市场收益没有落在 CFO 预先估计的置信区间内则认为该 CFO 过度自信，样本数据表明高达 62.1% 的实际股票市场收益值没有落在 CFO 估计的 80% 置信区间内，说明样本企业的 CFO 普遍存在过度自信。

（3）CEO 实施收购次数。在管理者过度自信的研究领域，最早引起学者们关注的就是管理者过度自信对企业并购的影响，Roll（1986）从管理者过度自信的视角来解释公司的失败并购发生的原因，从而提出了"狂妄自大（Hubris）"假说。由于过度自信管理者更热衷于并购的结论得到普遍认可，因此有学者认为可以通过企业的收购频率来反映 CEO 的过度自信。Doukas 和 Petmezas（2007）将"短时间内开展大量收购活动"的行为视作"管理者的贪婪与渴望"，这种"贪婪和渴望"使 CEO 容易高估收购带来的收益，而低估收购失败的风险，并认为这是管理者过度自信的一种特质，这一观点与 Heaton（2002）一致。因此 Doukas 和 Petmezas（2007）对英国上市公司 1980~2004 年的 5334 次并购事件进行分析，将三年内实施过五次及以上收购活动的竞购者定义为过度自信，研究发现过度自信的竞购者其收购活动的公告收益显著更低，而这种过度自信来源于自我归因偏差，管理者将初次并购成功归因于自我超人的能力，于是对并购活动形成过度自信，产生多次并购的"贪婪和渴望"，从而对并购活动的收益和风险的判断偏离校准，导致后续并购活动的失败。

（4）主流媒体对 CEO 的评价。使用主流媒体对 CEO 的评价来衡量其过度自信由 Hayward 和 Hambrick（1997）最先提出，他们将三年样本期内主流的具有全国影响力的报纸和杂志中对 45 名样本 CEO 进行直接评价或将企业经营结果全归因于 CEO 的文章挑选出来，并对这 138 篇文章给予 CEO 的评价根据"正面—负面"六级分值进行赋分：完全正面（3分）、主要正面略负面（2分）、中性（1分）、主要负面略正面（-1分）、完全负面（-2分）以及无评价（0分），并将每位 CEO 获得的所有评价分值汇总，总分越高说明 CEO 过度自信程度越高。但是这种通过判断评价的"正面—负面"来区分自信与否的衡量方法缺乏内在逻辑联系、有效性欠佳。Malmendier 和 Tate（2005b）对该方法进行了优化，将《纽约时报》《商业周刊》《华尔街日报》《金融时报》等著名财经期刊中对某 CEO 的评价记录下来，如果评语更多地使用 Confidence（自信）、Confident（自信的）、Optimism（乐观）、Optimistic（乐观的）等词汇，而非 Cautious（谨慎的）、Conservative（保守的）、Practical（务实的）、Steady（稳定的）、Frugal（简朴的）、Reliable（可靠的）等词，则认为该 CEO 是过度自信的 CEO，反之则为非过度自信的 CEO。Malmendier 和 Tate（2005b）的研究验证了管理者过度自信的主流媒体评价法和股票期权行权法之间显著正相关。Brown 和 Sarma（2007）基于澳大利亚主流财经杂志对样本企业 CEO 的评价数据，并独具创新地构建了 CEO 过度自信的连续变量：OC=（CON+OPT）/SUM，其中 CON 为代表自信（Confident）的数据，OPT 为代表乐观（Optimistic）的数据，SUM 为代表上述谨慎的（Cautious）、保守的（Conservative）等词语，则该比值越大说明 CEO 的过度自信程度越高。

（5）CEO 的相对薪酬。该方法也是 Hayward 和 Hambrick（1997）的研究中衡量 CEO 过度自信的一个代理指标，他们指出，CEO 的薪酬水平是其价值和能力的最直观的体现，相对薪酬则代表了他在企业中的相对地位和重要性。CEO 的薪酬水平通常是企业所有管理者中最高的，如果与薪酬排第二位的管理者的比值越大，就越会使 CEO 感到自己的管理地位的重要性非常高（Self-importance），对企业的经营发展具有不可取代的作用，决定着（控制着）企业的命运，Brown 和 Sarma（2006）也指出 CEO 的相对薪酬与其对公司的控制力成正比。因而基于控制幻觉的心理机制，相对薪酬水平越高的 CEO 更容易表现出过度自信。

（6）CEO 是否为创业者。Barros 和 Alexandre（2008）认为如果管理者是企业的创始人，那么其过度自信程度会更高。这是因为与普通的职业经理人相比，创始人经过个人的艰苦奋斗白手起家建立起一个完整的企业组织，基于自我归因偏差、优于平均幻觉、控制幻觉等心理机制，创始人会认为自己有着超越常人的商业才能和开拓事业的魄力，并且对自己创立的企业有着更强的控制力，同时必然也会对企业的发展前景更加自信和乐观。

（7）消费者情绪指数。消费者情绪指数（Consumer Sentiment Index，CSI）又称为消费者信心指数（Consumer Confidence Index，CCI），其概念和统计方法是由美国密歇根大学调查研究中心的 George Katona 于 20 世纪 40 年代二战结束后提出的。CSI 综合反映和量化了消费者对当前经济形势、未来经济前景、收入水平和预期、消费心理等方面的主观感受，是预测经济走势和消费趋向、监测经济周期变化不可缺少的依据。Oliver（2005）首先使用消费者情绪指数来衡量管理者过度自信，具体方式是以过去 12 个月的 CSI 均值作为管理者自信程度的代理变量。

2. 中国情境下国内学者对管理者过度自信的衡量方法

虽然中国情境下管理者过度自信的实证研究基本上遵循了英文文献中提出的衡量方法的逻辑和思路，但是国内学者根据我国证券市场的发展状况和数据可获得性进行了适应性修正，并进行了一些改进和优化。

（1）管理者持股变化情况。Malmendier 和 Tate（2005a）提出的使用管理者股票期权行权或持有股份变化状况来衡量管理者过度自信的方法具有较强的逻辑基础，但是我国股权激励制度建立较晚，实施股权激励的上市公司总体规模和样本量较小，容易给实证分析结果带来误差，因而几乎没有国内学者使用管理者股票期权行权状况的方法来衡量其过度自信。

幸运的是，我们仍可借鉴 Malmendier 和 Tate（2005a）提出的第三个判断标准，即如果管理者经常性增持本公司股票份额说明其对自身管理能力和公司发展前景充满信心。我国较早开始实施管理层持股计划，但是 2006 年之前执行的旧版《公司法》明令禁止上市公司管理层在任职期间转让其所持有的本公司股票，在这种严格的限制条件下，如果管理者任期内所持股份保持不变，我们无法得知其原因是管理者认为继续持有更有利，还是因法律所限不得不继续持有，但是增持的行为仍能够预测管理者的过度自信心理。郝颖等（2005）研究发现，2000~2003 年我国上市公司高层管理者中增持本公司股份的高管人数和占所有高管人数的比重均连年增加，然而这些增持本公司股份的高管所在公司的净资产收益率却低于高管人员持股不变的公司，说明这些高管增持本公司股份的原因并非提前知道公司将有良好发展的内部消息，而是源于自己的主观过度自信心理，自信地以为公司会有更高的净资产收益率而事实却并非如此。因而郝颖等（2005）在国内首次提出可以根据高层管理人员是否增持本公司股份来判断其是否过度自信，具体而言将在 3 年样本期内非因红股或业绩股而增持本公司股份的高层管理者视为过度自信,将持有本公司股份不变的高管视为适度自信。

2006年1月1日起开始执行的新《公司法》第一百四十二条虽然也对上市公司董监事和高级管理人员所持本公司股份的转让比例和时间进行了约束,但允许管理者在任职期间转让所持的本公司股份。因此2006年之后,管理者在二级市场买卖所持本公司股份的行为便有了自主性,能够在一定程度上体现行为背后的管理者心理特征。管理者继续持有或增持本公司股份的行为,均能够表明其对个人经营能力和公司前景抱持乐观自信的态度(叶蓓和袁建国,2008)。叶蓓和袁建国(2008)基于管理者持股变化的数据,设计了一个连续变量来衡量管理者的自信水平:OC=1+(某年年末某公司管理层持有的本公司股份数-当年年初该公司管理者所持本公司股份数-当年管理层红股或业绩股增加数)/当年年初该公司管理者所持本公司股份数。OC值越大说明该上市公司管理层的自信程度越高。

随着研究的深入,饶育蕾和王建新(2010)等文献根据过度自信"校准偏差(Miscalibration)"的内涵本质,在使用管理者持股变化来衡量管理者过度自信时增加了一个校准条件。饶育蕾和王建新(2010)认为,如果某公司的管理者在第t年期间继续持有或增持本公司股份,并且在t年年末该公司的股价增长幅度大于大盘增长幅度,那么这体现了管理者的一种理性的适度自信,因为他对公司股价良好表现的预期很可能建立在对个人能力和公司经营状况理性的分析之上。这也表明,简单地认为所有管理者继续持有或增持本公司股份的行为都代表管理者过度自信,会将适度自信的管理者也包括在内。因而原有的衡量方法需要修正和优化。如果t年年末某公司的股价增长幅度小于大盘增长幅度,但却发现该公司的管理者在第t年间仍继续持有或增持本公司股份,说明这样的管理者很可能是过度自信的,因为经营业绩恶化通常是一个渐进的过程,当管理者接收到相关信号时可以通过转让本公司股份购买股票指数基金来规避风险的。但过度自信的管理者会认为自己完全有能力扭转公司的不良局面,带领公司跑赢大盘,从而会选择继续持有或增持本公司股份。饶育蕾和王建新(2010)提出判断管理者过度自信应同时满足两个条件:

① $MSH_t \geq MSH_{t-1}$
② $SP_t/SP_{t-1} < MI_t/MI_{t-1}$

其中,MSH_t 为t年年末某公司管理层所持本公司股份总数,SP_t 为t年年末该公司股票价格,MI_t 为t年年末证券市场股票指数。

此外,其他学者在研究中将条件②设定为:t年年末公司股票每股收益低于t-1年年末(肖峰雷等,2011);t-1年年末公司股票的基本每股收益增长率小于 0（林慧婷和王茂林，2014）；t 年年末该公司的经营绩效低于 t-1 年年末（李婉丽等，2014）；t 年年末公司考虑分红的调整后股票价格增长幅度小于 t 年年末沪深两市 A 股流通市值排序指数价格增长幅度（孔东民等，2015）；t 年年末公司股票收益率小于 t 年年末市场股票收益率（王铁男和王宇，2017）。

（2）管理者业绩预告偏差。由 Lin 等（2005）提出的盈余预测偏差法是中国情境下衡量管理者过度自信使用最多的方法之一，国内学者通过将上市公司业绩预告中对净利润的定性预告和定量预告值与实际净利润值对比来判断管理者是否过度自信。1998 年 12 月 9 日，中国证券监督管理委员会发布了《关于做好上市公司 1998 年度报告有关问题的通知》，要求沪深两市上市公司在年报正式披露之前发布预亏公告，从此拉开了我国上市公司业绩预告制度的序幕。但是这种预亏公告在会计年度结束之后，且只有预亏一种公告类型，种类单一且时效性较差。直到 2002 年，沪深两市证券交易所要求上市公司若预测全年亏损或净利润与上年相比发生大幅度变动（上升或下降 50% 及以上）则需要在第三季度季报中进行预告。这一规定使我国上市公司的业绩预告能够真正发挥"事前预告"的作用，在随后的十几年间，上市公司业绩预告制度不断丰富和完善，现在已基本建成了强制性披露为主、自愿性为辅，季度预告和年度预告相结合，多种类型的定性预告和定量预告相互补充的有效及时的业绩预告体系，为我国学者开展管理者过度自信等领域的学术研究提供了宝贵的数据资源。

余明桂等（2006）是国内最先采用业绩预告偏差法开展管理者过度自信研究的文献，在其所选的样本期间（2002~2004 年）尚以定性预告为主，他们将八种定性预告分为乐观预告（扭亏、续盈、略增、预增）和悲观预告（首亏、续亏、略减、预减）各四种，将事前发布乐观预告但事后实际业绩变脸的观测值定义为过度自信管理者。受业绩预告数据的丰富度所限，余明桂等（2006）对业绩预告的分类和判断较为简单直观。在上市公司业绩预告不断完善的过程中，每个阶段的数据质量都有所差别，从以定性为主到以定量为主，从模糊的幅度描述到精确的数值预告，从单一估计的变化值到给出基于精确计算的区间范围……采用该衡量方法的学者们在各自的研究中根据所搜集的数据质量制定了细致的判断标准，但遵循的核心原则都是以净利润实际值为校准，将管理者向上偏离校准的预告视为过度自信。

（3）管理者相对薪酬。Hayward 和 Hambrick（1997）提出的衡量管理者过度自信的相对薪酬法在中国情境下的应用也较为广泛，但由于我国上市公司的会计报告中只披露薪酬水平最高的前三位高管的薪酬总和，以及全部高管的薪酬总和，所以需要根据数据可得性对 Hayward 和 Hambrick（1997）提出的方法进行适应性修正。姜付秀等（2009）最先提出用"薪酬最高的前三位高管的薪酬总和/全部高管的薪酬总和"的比值来表征前三位高管在整个高管团队中的相对重要性（Self-importance），该比值越大说明管理者的过度自信程度越高。胡国柳和周德建（2012）、马润平等（2012）、梁上坤（2015）等研究为了便于各样本企业之间对比，构建了相对薪酬法的虚拟变量，将高于相对薪酬比值中位数的管理者定义为过度自信；叶玲和王亚星（2013）则将高于75%分位数的管理者定义为过度自信的管理者。

（4）企业景气指数。余明桂等（2006）创造性地首次使用国家统计局公布的企业景气指数来衡量管理者过度自信，具体方法为以当年四个季度企业景气指数的平均值作为当年管理者过度自信的代理变量。企业景气指数，又称为企业综合生产经营景气指数，是由我国国家统计局各级调查队从1998年开始正式开展的全国范围的企业景气状况调查。通过对各行业全部大型及以上和抽取部分中小型企业负责人开展问卷调查，调查内容主要包括企业负责人对该企业生产经营问题的判断、对该企业生产经营景气状况的判断、对本行业景气状况的判断。企业景气指数的统计层面为行业，每个季度公布一次，指数数值为分布在0到200之间的正数，临界值为100。景气指数越大于100，接近200，表明该季度该行业的企业负责人认为企业和行业经营状况趋于改善，处于景气状况；景气指数越小于100，接近0，表明该季度该行业的企业负责人认为企业和行业经营状况趋于恶化，处于不景气状态。

（5）管理者实施并购次数。国内学者采用并购次数衡量管理者过度自信的研究较少，吴超鹏等（2008）基于"过度自信假说"和"行为学习理论"探讨连续并购绩效逐次下降的原因，发现连续并购绩效下降的现象仅出现在首次并购成功之后，因此指出首次并购成功会使管理者过度自信，若管理者充分学习则可避免后续并购活动绩效逐次下降。谢玲红等（2012）将样本期间内实施过两次及两次以上并购活动的管理者定义为过度自信，发现群体决策中的管理者普遍存在过度自信，管理者过度自信与并购长期绩效显著负相关。

（6）管理者人口统计学特征。心理学相关研究发现，个体的过度自信程度与性别（Byrnes等，1999）、年龄（Forbes，2005）、受教育程度（Lichtenstein和Fischhoff，1977）、工作经验（Fraser和Greene，2006）、专业知识背景（Heath和Tversky，1991；Ben-David等，2007）等人口统计学特征相关，因此江伟（2010）、余明桂等（2013）、雷霆和周嘉南（2015）等文献在研究管理者过度自信时，构建了用总经理（CEO）个体人口统计学特征衡量过度自信程度的代理变量。此外，李诗田和邱伟年（2016）借鉴Barros和Alexandre（2008）提出的方法，采用CEO是否同时是创业者来判断其是否过度自信。

中国情境下管理者过度自信的研究对管理者的界定与国外略有不同，国外学者通常研究CEO过度自信，但我国文化中的集体主义倾向使企业中的经营决策更倾向于团队决策，故而大部分文献研究的是高管团队过度自信。国内文献的衡量方法更符合我国企业经营的客观现实，更具有可行性和借鉴价值，因此本书对国内研究文献中管理者过度自信的常用衡量方法、管理者的不同界定和主要文献进行了梳理（见表2-2）。梳理的文献范围为中国社会科学引文索引（CSSCI）目录中的相关研究，因为CSSCI目录在国内具有较强的权威性，发表于CSSCI目录期刊的文献更能体现中国主流学者的观点。在国内相关文献中，明确以"CEO过度自信"为题的研究相对较少；大量文献题目中含有"高管过度自信"或"管理者过度自信"，其中大部分采用的过度自信衡量方法都具有团队的特征，少数文献实际研究的是总经理（CEO）过度自信。不过需要注意的是，采用业绩预告偏差法、企业景气指数法、管理者实施并购次数法衡量CEO过度自信或高管团队过度自信事实上是无差别的，若文献未明确说明研究CEO过度自信，则认为其研究高管团队过度自信。此外，少数国内学者研究了董事长过度自信、大股东过度自信，这部分文献不在本书讨论的范围之内。

表2-2　中国情境下管理者过度自信的衡量方法及主要文献归纳

衡量方法	高管团队过度自信	CEO过度自信
管理者持股变化情况	郝颖等（2005）；叶蓓和袁建国（2008）；王霞等（2008）；张荣武和刘文秀（2008）；唐蓓（2010）；文芳和汤四新（2012）；许致维（2013）；罗劲博（2014）；孙光国和赵健宇（2014）；梁上坤（2015）；王山慧等（2015）；翟淑萍等（2015）；岑维和童娜琼（2015）；朱磊等（2016）；孙艳梅等（2016）	王铁男和王宇（2017）；郝盼盼和张信东（2017）
对管理者持股变化进行了校准的文献	肖峰雷等（2011）；林慧婷和王茂林（2014）；李婉丽等（2014）；史敏和耿修林（2017b）	饶育蕾和王建新（2010）；肖峰雷等（2011）；孔东民等（2015）；王铁男和王宇（2017）
管理者业绩预告偏差	余明桂等（2006）；王霞等（2008）；姜付秀等（2009）；黄莲琴等（2011a）；于富生（2011）；文芳（2011）；周杰和薛有志（2011）；黄莲琴等（2011b）；刘彦文和郭杰（2012）；胡国柳和周遂（2012）；马润平等（2012）；许致维（2013）；王娜和叶玲（2013）；叶玲和王亚星（2013）；胡秀群和吕荣胜（2013）；胡秀群等（2013）；孙光国和赵健宇（2014）；林慧婷和王茂林（2014）；李世刚（2014）；孟祥展等（2015）；王山慧等（2013，2015）；孙艳梅等（2016）；徐朝辉和周宗放（2016）；潘清泉和鲁晓玮（2017）；史敏和耿修林（2017b）	

续表

衡量方法	高管团队过度自信	CEO过度自信
管理者相对薪酬	姜付秀等（2009）；于富生等（2011）；淳伟德（2011）；胡国柳和周德建（2012）；马润平等（2012）；胡秀群等（2013）；叶玲和王亚星（2013）；孙光国和赵健宇（2014）；罗劲博（2014）；刘嫦等（2014）；李婉丽等（2014）；易靖韬等（2015）；梁上坤（2015）；孟祥展等（2015）；翟淑萍等（2015）；岑维和童娜琼（2015）；孙艳梅等（2016）；彭耿和廖凯诚（2016）；朱磊等（2016）；乐怡婷等（2017）	李诗田和邱伟年（2016）
企业景气指数	余明桂等（2006）；叶蓓和袁建国（2008）；傅强和方文俊（2008）；黄莲琴等（2011b）；梁上坤（2015）	
管理者实施并购次数	吴超鹏等（2008）；谢玲红等（2012）	饶育蕾和王建新（2010）
管理者人口统计学特征		江伟（2010）；余明桂等（2013）；雷霆和周嘉南（2015）；郝盼盼和张信东（2017） 是否为创业者：李诗田和邱伟年（2016）

资料来源：作者根据文献整理。

3. 对管理者过度自信衡量方法的辨析

通过上文对国内外管理者过度自信研究领域的主流衡量方法进行梳理和回顾，我们可以看出，管理者业绩预告偏差、管理者持股变化情况、管理者相对薪酬是在中国情境下研究管理者过度自信时最广为学者们认可和采用的三种衡量方法。

采用管理者人口统计学特征作为管理者过度自信的代理变量，主要原因是基于心理学领域的相关研究，认为个体的性别、年龄、学历、经验、专业背景等因素会对其自信水平产生影响。然而在心理学中，人口统计学特征与过度自信之间的相关性本身就存在争议，正相关、负相关、不相关各种研究结论都存在（Lundeberg等，1994；Venter和Michayluk，2008；Hayward等，2006）。因此，用人口统计学特征作为管理者过度自信的代理变量缺乏可靠性和稳健性。

采用并购次数衡量管理者过度自信的不合理之处在于，虽然学者们普遍认同过度自信的管理者更倾向于连续并购，但同时还有一个附加的后果是连续并购的绩效逐次降低（吴超鹏等，2008），即Roll（1986）提出的管理者并购的"狂妄自大"假说。因此，仅用"连续并购"倒推管理者过度自信是难以成立的，"连续并购"是管理者过度自信的必要而不充分条件。

主流媒体评价法的不适用主要体现在两个方面：其一，主流媒体对管理者的评价是主观的、表面的，易受偶然事件的影响，故严谨性较差，衡量的信度和效度难以保证；其二，我国国内缺乏具有全国影响力的财经类媒体，不具备采用这种方法的客观条件。

消费者情绪指数体现的是市场经济中的消费者群体对宏观经济、就业和家庭收入的现状和未来预期的主观感受，该指数不适宜衡量管理者过度自信的原因主要有：第一，消费者与作为生产部门——企业负责人的管理者是市场经济中完全不同甚至可以说某种程度上立场相互对立的两个群体，因此消费者对经济的主观感受必然与管理者的不同；第二，管理者的过度自信是非常个性化的心理特征，且相关研究通常是企业层面的，而消费者情绪指数是对整个宏观经济的预测，无法具体表征每个企业管理者的过度自信程度。

企业景气指数的调查方式是请各行业大型及以上和抽取中小型企业的负责人对本企业经营生产的现状和未来进行主观评价，理论上讲这样的调查数据经过统计和处理能够较好地衡量各企业负责人的过度自信程度，然而遗憾的是，企业景气指数仅公布行业层面的景气状况，无法获得单个企业的数据，因而衡量企业管理者过度自信的有效性受到影响。

管理者相对薪酬法在中国情境下的研究中应用较多，学者们普遍认同Hayward和Hambrick（1997）的观点，管理者的薪酬水平在高管团队薪酬总额中的占比越高说明该管理者的地位越重要（Self-importance），其自信水平也会越高，本书认为这样的推论是合理的。但该方法的缺陷在于，如何基于相对薪酬判断管理者是过度自信而非适度自信？毕竟人的知识和能力水平有着天然的差别，在职业经理人市场和公司高管团队中的相对地位本来就是有差异的，非常优秀的管理者必然是站在金字塔顶端的，他的自信水平或许很高，但这种高自信很可能是与个人实力相符的，如果就此推论其存在过度自信心理偏差，是不合理的。

心理学家将过度自信定义为人们对概率的判断值高于实际值的一种校准偏差（Miscalibration），这是最能够揭示过度自信本质的定义，关键词有：判断值、实际值、校准、偏差、高于。因此，衡量管理者过度自信的方法必须能够体现：管理者的某种判断值相对实际值（校准）形成高于校准的偏差。首先，管理者业绩预告偏差是最符合过度自信本质的一种衡量方法，管理者对季度或年度净利润的预告为判断值，则将净利润预告值高于事后净利润实际值（校准）的管理者定义为过度自信。其次，经过校准的管理者持股变化法也是符合过度自信的内涵本质要求的，区别在于，该方法在"判断值—实际值—高于校准偏差"的判定流程中加入了"行为"环节，即管理者的判断值是不可见的，但他基于判断值做出了相应的可见的行为，而该行为能够反映管理者的判断值,若行为反映出的判断值高于实际值(校准)则定义为过度自信,其判定流程为"(判断值)—行为—实际值—高于校准偏差"。具体而言,管理者继续持有或增持本公司股份的行为其实是建立在预期本公司股票增幅高于大盘或者股票每股收益同比增长的判断基础上的,虽然其并不会如业绩预告那样公开披露自己的预期判断。那么如果实际上本公司股票增幅低于大盘或股票每股收益同比下降,则说明该管理者的判断值存在高于校准(实际值)偏差,该管理者是过度自信的。

基于以上分析,本书选择管理者业绩预告偏差和经过校准的管理者持股变化情况作为衡量管理者过度自信的两种方法。

五、相关实证研究回顾及过度自信管理者决策偏好的推出

管理者过度自信在企业财务管理、战略管理等领域的研究成果已经较为丰富,以下将重点梳理与本书选题相关领域的实证研究。第一章第三节对企业技术多元化进行概念界定时,提出企业技术多元化既是一种技术创新战略,又是一种多元化战略,同时也具有高风险的特点,基于此,以下将尽可能全面地梳理管理者过度自信对企业技术创新、多元化和风险承担影响的相关研究,以期能够从已有文献的研究结论中揭示出过度自信管理者的决策偏好。因此本节的重点在于全面梳理相关的绝大部分重要文献的研究结论,而暂不关注管理者过度自信在各领域的影响逻辑和内在机制。

1. 管理者过度自信对企业技术创新产出的影响研究回顾

在实证研究中,学者们通常用技术创新产出(如企业专利申请数量或授权数量)来衡量企业的技术创新绩效,因而本书对技术创新产出和技术创新绩效两个概念不进行区分。

Galasso 和 Simceo(2011)采用股票期权行权法来衡量 CEO 过度自信,并开发了一个职业发展关注模型(Career Concern Model),认为过度自信的管理者,特别当处于竞争激烈的行业中时,往往低估失败的概率,倾向于通过创新来证明他们拥有与众不同的能力。他们基于 1980~1994 年 450 家美国大型上市公司的面板数据进行横截面回归分析和固定效应回归分析,实证结果都发现,管理者过度自信对企业引用权重(citation-weighted)专利数具有显著的正向影响,并且这种正向影响在竞争激烈的行业更为显著。同时研究还发现,过度自信的管理者更有可能带领企业进入新的技术领域。

Hirshleifer 等(2012)提出,过度自信的 CEO 由于更热衷投资高风险高收益的项目,从而更有可能为股东获取高额收益,并进行了实证研究。他们以 1993~2003 年美国企业为样本,实证分析发现,雇佣过度自信管理者的企业有

更大的收益波动、实施更多的创新投入、获得更多的专利和专利引用,在给定研发(R&D)费用不变的情况下能够获得更大的创新成功,然而以上结论仅存在于创新型产业。该研究结论指出,过度自信的 CEO 能够开拓更多的创新成长机会。

Tang 等(2015)基于高阶梯队理论,探讨 CEO 过度自信(Hubris)对企业创新绩效的影响。实证研究包括两个子样本,子样本一为中国 2820 家制造业企业 CEO 的横截面调查数据,子样本二为美国高科技上市公司的共 3285 个观测值纵向数据,两个子样本的实证分析均基本支持了研究假设:CEO 过度自信对企业的技术创新产出显著的正向影响,并且环境包容性和环境复杂性越高,越会减弱这一正向影响,而环境动态性的调节作用不显著。

易靖韬等(2015)借鉴 Hirshleifer 等(2012)的研究,以 2008~2011 年我国科技部数据库中沪深两市 A 股上市公司为样本来分析高管过度自信对企业技术创新绩效的影响作用。实证研究发现,高管过度自信对企业创新项目的投入和绩效都能够产生正向影响,并且在给定 R&D 投入的情况下,高管过度自信仍然能使企业有更多的创新产出,说明过度自信的高管能够有效促进企业提升创新绩效,而且这一正向影响关系在高新技术企业中更加显著。此外该研究还基于 Schumpeter 效应和投资扭曲效应,检验了企业规模和负债的异质性对高管过度自信与创新绩效之间影响关系的调节作用。

孔东民等(2015)以 2006~2010 年沪深两市上市公司为样本,用发明专利申请量衡量企业创新产出,探讨 CEO 过度自信对企业创新产出的影响。实证研究发现,CEO 过度自信有助于显著提升上市公司的技术创新产出;股权集中度或股价同步性越高,均会抑制 CEO 过度自信对企业创新产出的正向影响,即发挥减弱主效应的调节作用。

毕晓方等(2016)基于我国沪深 A 股上市公司 2008~2012 年的面板数据,探讨高管过度自信对企业研发投入和创新产出的影响,以及财务冗余在其中发挥的中介作用和调节效应。实证结果表明,高管过度自信和财务冗余对企业创新活动的研发投入均有积极的促进作用,并且高管过度自信是通过增加企业的财务冗余资源来提高创新研发投入的,财务冗余发挥着中介作用;同时,高管过度自信能够显著提高企业的创新产出,财务冗余发挥着增强高管过度自信对企业创新产出正向影响的调节效应。

朱磊等(2016)基于我国沪深 A 股市场高技术产业上市公司 2011~2013 年的面板数据,研究管理者过度自信对企业创新产出的影响作用,以及股权结构的调节效应。经过实证分析发现,管理者过度自信能够有效提高高新技术行业企业的创新产出,国有持股比例发挥着增强这一促进作用的调节作用,但股权集中度会抑制管理者过度自信对企业创新产出的正向影响，股权制衡度的调节作用未获得实证支持。

通过以上梳理研究管理者过度自信对企业技术创新产出影响的重要文献可知，学者们普遍认同管理者过度自信对企业技术创新产出具有显著的正向影响。

2. 管理者过度自信对企业技术创新投入的影响研究回顾

上述Hirshleifer等（2012）、易靖韬等（2015）、毕晓方等（2016）等文献已同时验证了管理者过度自信对企业技术创新投入和技术创新产出的正向影响。此外，国内很多学者也研究并认同了管理者过度自信对企业技术创新投入的正向影响作用，在此将介绍一些较为重要的研究。

王山慧等（2013）基于沪深两市上市公司2002~2010年的面板数据，考察管理者过度自信对企业技术创新投入的影响作用，以及行业和所有权性质的调节效应，实证分析发现，管理者过度自信能够显著促进企业加大技术创新投入，并且这一正向影响关系仅存在于研究样本中的高科技行业企业和国有企业中，非高科技行业和非国有企业中管理者过度自信对企业技术创新投入没有显著影响。

林慧婷和王茂林（2014）以2007~2012年披露盈利预测的上市公司为样本，探讨管理者过度自信对企业创新投入的影响关系以及作用机制。研究结论指出，过度自信的管理者更具有企业家精神和冒险精神，对企业的创新投入有显著的促进作用，并且有助于减弱不确定性风险对创新投入的负向影响。研究还发现，在高不确定环境中，管理者过度自信发挥着增强创新投入对企业价值正向影响的调节作用，但在弱不确定环境中，这一调节效应不显著。该研究指出，过度自信的管理者有助于企业加大对风险性创新项目的投入，抓住更多创新成长机会。

彭珊（2014）采用并购次数法衡量高管过度自信，通过对2007~2012年沪深两市A股制造业上市公司的面板数据开展OLS分析发现，管理者过度自信对上市公司技术创新投入有显著的促进作用，并且在现金流量较高的制造业企业，这种促进作用更为显著；管理者过度自信所增加的技术创新投入会在未来一到两年转化为企业价值。崔亚莉（2015）以我国沪深两市上市公司为样本研究发现，管理者过度自信能够显著提高企业的研发投入，并且研发投入在管理者过度自信和企业绩效之间发挥着中介作用。

于长宏和原毅军（2015）采用管理科学的研究方法，构建了一个博弈模型探讨CEO和科研人员科学研究控制权问题，具体为研究CEO过度自信对企业技术创新投入的影响，并将科研人员的"自由探索"精神视为中间变量。

研究发现，CEO过度自信与企业技术创新投入之间的关系取决于科研人员的"自由探索"精神，只有科研人员足够热爱"自由探索"时，CEO过度自信才有助于企业提高创新投入；此外还发现，在企业单位资金成本下降，或CEO预期能力提升的情况下，CEO过度自信对企业技术创新投入的积极作用会提高。

邬晓婧和郭淑娟（2016）立足企业财务柔性储备差异，利用我国上海证券交易所A股上市公司2011~2015年的面板数据，探讨高管过度自信对企业创新投入的影响以及财务柔性的调节作用。实证分析发现，高管过度自信、企业财务柔性储备都对技术创新投入有显著的促进作用；财务柔性发挥着增强高管过度自信对技术创新投入正向影响的调节效用，并且在高新技术行业，财务柔性的增强调节作用更为显著。

张信东和郝盼盼（2017）以2002~2013年沪深两市313家制造业和信息技术业上市公司为样本，通过静态面板回归和动态基于CEO变更的DID模型开展实证研究，探讨CEO过度自信和CEO早年饥荒经历对企业创新投入的影响，并对比哪个影响更为重要。结论指出，CEO过度自信能够对企业技术创新投入产生积极影响，但CEO早年饥荒经历（特别是童年和青少年时期）会抑制企业技术创新投入，且影响大于CEO过度自信。此外，通过开展企业异质性检验得出，在R&D强度高、约束机制弱和国家所有的企业中，CEO过度自信对企业创新投入的促进作用更为显著。

3. 管理者过度自信对企业多元化的影响研究回顾

Malmendier和Tate（2008）汇总了福布斯500强企业在1980~1994年实施的并购活动，研究发现，与理性的CEO相比，过度自信的CEO更有可能实施损害企业价值的并购活动，而且大部分发生于多元化并购。

Andreou等（2011、2017）考察了管理者过度自信对公司多元化决策的影响，研究结果发现，过度自信的管理者更多地出现在实施多元化战略而非业务归核化的企业，而且"多元化折价"现象均出现且仅长期存在于由过度自信的管理者经营的公司。

周杰和薛有志（2011）突破委托代理理论，基于管理者过度自信的控制幻觉假说，从管理者过度自信的视角解释企业的"多元化折价"现象，以及大股东、债权人和政府的干预对企业多元化的影响机制。通过对2007年沪深两市241家上市公司的横截面数据进行实证分析发现，雇佣过度自信管理者的上市公司更具有实施多元化战略的倾向，大股东、债权人和政府能够有效抑制管理者过度自信，从而降低企业多元化水平。

王山慧等（2015）基于2007~2010年沪深两市674家上市公司的面板数

据，探讨管理者过度自信、公司自由现金流及二者的交互效应对企业多元化程度的影响作用。经过实证分析发现：管理者过度自信能够显著提高企业的多元化水平；企业的自由现金流越丰富，越有助于促进其多元化水平；管理者过度自信和自由现金流对企业的多元化水平发挥着协同促进作用。

岑维和童娜琼（2015）基于沪深300指数上市公司2009~2012年共1136个观测值面板数据，探讨管理者过度自信对企业多元化程度及绩效的影响。实证分析发现，管理者过度自信对企业多元化水平有显著的促进作用，并且管理者过度自信会显著增强多元化水平对企业绩效的负向作用，因此研究指出，企业应该致力于抑制管理者过度自信导致的非效率多元化。

徐朝辉和周宗放（2016）基于我国沪深两市A股上市公司2009~2012年的7946个观测值，深入探讨管理者过度自信与企业多元化、信用风险之间的影响关系。实证分析得出，管理者过度自信会显著提高企业多元化经营水平和信用风险，并且多元化经营水平在管理者过度自信和信用风险之间发挥着显著的中介作用；此外，先期多元化经营水平对管理者过度自信有显著的正向影响，但先期信用风险对管理者过度自信没有显著影响。

此外，夏欢欢（2008）、陈娟（2010）、刘昭益（2010）、程淼（2013）等研究也都验证了管理者过度自信对企业多元化水平的正向影响。

4. 管理者过度自信对企业风险承担的影响研究回顾

Li和Tang（2010）基于高阶梯队理论和行为决策理论，探讨CEO过度自信（Hubris）对企业风险承担的影响，以及管理自主权（亦称管理自由裁量权）的调节效应。研究利用对中国制造业企业2790名CEO的调查数据，经过实证分析发现，CEO过度自信对企业风险承担水平有显著的促进作用，并且当CEO拥有较大管理自主权时，这一正向影响会得到增强，较大管理自主权的情境具体指：当企业面临包容性和复杂性较高的市场环境；当企业拥有更多非沉淀性冗余资源、更少沉淀性冗余资源；当CEO兼任董事长；当CEO并非由政府任命。

余明桂等（2013）基于沪深两市A股上市公司2001~2010年共4624个观测值构成的面板数据，深入分析管理者过度自信对企业风险承担水平的影响，并考察企业风险承担水平的经济后果。经过实证分析发现，管理者过度自信显著正向影响企业的风险承担水平，而企业的风险承担水平显著正向影响企业资本配置效率和企业价值。研究结论表明，管理者过度自信和企业风险承担均对企业绩效有着积极的意义。

杜江洋（2016）基于我国沪深证券交易所A股上市公司2009~2013年共4252个过度自信管理者观测样本，以相对薪酬法衡量管理者的自信水平，考察管理者过度自信对企业价值的影响，以及企业风险承担的中介作用。实证研究得出，管理者过度自信对企业价值具有倒 U 形影响；管理者过度自信对企业风险承担水平有着显著的正向影响；企业风险承担水平在管理者过度自信和企业价值之间发挥着中介作用。

此外，Tang 和 Li（2013）、Tang 等（2016）基于企业创始人通常过度自信的假说（Barros 和 Alexandre，2008），将 CEO 是否同时是企业创始人作为判断 CEO 过度自信的标准，研究了创始人 CEO 对企业风险承担水平的影响，其本质是探讨 CEO 过度自信对企业风险承担水平的影响。

Tang 和 Li（2013）从工作需求的视角探讨了创始人 CEO（即企业创始人兼任 CEO）对企业风险承担水平的影响。研究基于高阶梯队理论和认知心理学对过度自信的研究成果，提出由于企业创始人通常更为过度自信，因而创始人 CEO 会倾向于比其他行业同侪承担更多的风险。同时，根据认知心理学中的"难度效应"（即当人们面临有挑战性、难度较大的工作时会变得更加过度自信），当 CEO 面临高要求的工作任务时，创始人 CEO 对企业风险承担水平的正向影响会增强。实证研究利用中国 CEO 的大样本调查数据，提出的以上观点和假设均获得实证支持。

类似地，Tang 等（2016）根据高阶梯队理论和战略领导力理论，基于企业创始人更为过度自信的假说，认为创始人 CEO 的过度自信会使其比普通职业经理人更加热衷于承担风险，并且一些影响 CEO 过度自信水平的企业内外部的因素会调节创始人 CEO 和企业风险承担水平之间的关系。实证研究基于中国 CEO 的大样本调查数据，结果发现：创始人 CEO 会显著提高企业的风险承担水平，这种正向促进作用在如下情境会被减弱：当 CEO 较为年轻；当 CEO 兼任董事长；当 CEO 面临的经营环境比较稳定、简单、包容性高。

通过以上梳理可以看出，学者唐翌的三个重要研究（Li 和 Tang，2010；Tang 和 Li，2013；Tang 等，2016），以及余明桂等（2013）、杜江洋（2016）均表明过度自信的 CEO 或管理者会显著提高企业的风险承担水平，他们热衷于做出风险更高的决策。

5. 过度自信管理者的决策偏好总结

以上分别梳理了管理者过度自信对企业技术创新产出、企业技术创新投入、企业多元化程度、企业风险承担水平影响作用的相关研究文献，目的在于通过汇总各领域的绝大部分研究成果，以期能够从中总结出过度自信管理者的决策偏好。

根据学者们的研究结果可以看出，这四个领域的研究结论已经基本达成一致，管理者过度自信对企业技术创新产出、企业技术创新投入、企业多元化水平和企业风险承担水平均有显著的促进作用,由此,得出如下关于管理者过度自信决策偏好的推论,作为本书逻辑分析和假设推理的基础,即本书的推论二:

与非过度自信的管理者相比,过度自信的管理者:①具有技术创新导向的决策偏好;②具有多元化导向的决策偏好;③具有风险承担导向的决策偏好。

第三节　董事会结构的理论与文献回顾

现代企业制度所有权和经营权的分离催生了委托代理问题,上市公司的所有者——全体股东为了更好地行使权力、对企业进行有效管理,通过股东大会选举并成立董事会,使其成为代表股东利益的常设权力机构,然后由董事会代表股东权力选聘CEO及其高管团队具体开展公司的经营业务。因此,代表股东权力的董事会与以CEO为首的高层管理团队之间的关系是委托代理问题的最直观体现,是现代公司治理体系的核心(李维安等,2009),董事会的结构特征会显著影响CEO和高管团队的决策效率以及企业的经营绩效。本节将首先回顾公司治理领域的两个立场相对的经典理论——代理理论和管家理论关于董事会结构安排的基本观点,然后梳理已有文献中关于董事会结构对过度自信管理者经营决策发挥治理效应的相关研究。

一、代理理论与管家理论的不同观点

代理理论(Agency Theory)与管家理论(Stewardship Theory)的根本分歧在于对企业经理人的人性假设。代理理论立足于古典经济学中的理性"经济人"假设,认为经理人都是理性的机会主义者和功利主义者,一旦有机会,就会为了实现自身效用最大化而做出损害股东利益的败德行为(Jensen和Mecking,1976)。所以代理理论认为,董事会与经理人是对立的监控者与被监控者的关系,董事会的主要职责在于监控CEO和高管人员可能出现的机会主义自利行为,通过各种监督、约束和激励手段促使以CEO为代表的高层管理团队围绕股东利益最大化履行经营管理职责(Fama和Jensen,1983)。因此,代理理论倡导董事长与总经理两职分离,并引入外部独立董事,增强对经理层的监督和约束。

然而现实中,代理理论指导下的公司治理并非总是有效的,因而有学者对其提出了质疑。Donaldson和Davis(1991)批判了代理理论对经理人的理性"经济人"假设,从组织心理学和组织管理学出发提出了管家理论,认为经理人并不是冷酷的利己主义者,相反有着对自尊、成就、信仰的崇高追求,他们

是企业恪尽职守的管家，通过兢兢业业地工作、承担职责、为股东谋取利益而获得自我成就的满足感。因而管家理论认为，董事会与经理层的关系应该是完全信任、共同合作，而非严格的监控和功利的物质激励（Davis 等，1997）。董事会应该为经理层创造一种完全信任、充分授权、无条件支持的工作氛围，确保 CEO 和高管人员能够尽可能发挥其才能，从而获得更好的经营绩效。因此，管家理论倡导董事长与总经理两职合一，这有利于 CEO 的统一领导和管理，提高决策效率。同时管家理论认为，以独立董事或外部董事为主的董事会违背了掌握信息最全面则决策最有效的原则，因而是一种低效率的董事会组织形式。

代理理论和管家理论具有完全对立的立场和观点，Lee 和 O'Neill（2003）、Arthurs 和 Busenitz（2003）等研究试图基于权变的视角将二者融合，具体探讨代理理论和管家理论在不同国家文化背景、不同企业所有权性质等情境下各自的适用性。Lee 和 O'Neill（2003）提出，经理人既不是天生的机会主义者，也不是天生的企业管家，他们的行为更可能是复杂的内外部环境、治理机制和激励措施综合作用下的理性选择。本书认为代理理论和管家理论均只能解释人性和真相的某一面，Lee 和 O'Neill（2003）的观点更具有对现实的解释力。

二、董事会结构对过度自信管理者决策的治理效应回顾

首先，一些研究探讨了董事会结构对管理者过度自信的直接影响。

Baccar 等（2012）基于 40 家突尼斯上市公司 2005~2011 年的面板数据，探讨公司治理结构对 CEO 心理和行为偏差的影响。研究结果发现，董事会特征，尤其是董事会独立性、董事会规模和两职分离，能够显著降低管理者过度自信。因此研究指出，董事会结构能够在有效抑制由管理者过度自信导致的公司决策扭曲方面发挥重要作用。

饶育蕾和贾文静（2011）运用主成分分析法和 Logistic 回归法，基于沪深 A 股上市公司 2007~2008 年间的面板数据，从个人特征、公司特征和董事会特征三个方面研究 CEO 过度自信的影响因素，通过主成分分析法提取出的因子中，对 CEO 过度自信影响最大的因子为：CEO 对公司的掌控能力，包括两职合一和 CEO 任职期限两个变量。也就是说，兼任董事长及任职期限长的 CEO 更倾向于过度自信，反之两职分离的情况下，CEO 过度自信程度会减弱。

李莉等（2014）以 2007~2010 年我国沪深两市上市公司为样本，基于控制幻觉理论，从管理者过度自信的视角研究内部监督机制对上市公司过度投资的影响机制。实证分析得出，管理者过度自信对上市公司过度投资有显著正向影响，董事长和 CEO 两职分离能够通过降低管理者的过度自信程度，进而抑

制企业的过度投资。

其次,较多国内学者研究了董事会结构对过度自信管理者经营决策的治理调节效应。

江伟和黎文靖(2009)使用个人特征作为替代变量,研究了总经理过度自信对企业资本结构决策的影响,以及董事会独立性的调节作用。通过对沪深两市上市公司2002~2006年的面板数据进行实证分析发现,在总经理兼任董事长的情况下,总经理的过度自信行为越强,企业的负债率越高,而董事会独立性可以减弱总经理过度自信对负债比率的正向影响。

雷辉和吴婵(2010)通过对2005~2007年我国618家上市公司的面板数据进行实证分析发现,高管过度自信对企业并购有显著的正向促进作用,董事长与总经理两职分离能够有效抑制过度自信高管所驱动的并购活动,但董事会独立性的抑制调节效应未获得实证分析结果支持。

胡秀群和吕荣胜(2013)基于沪深证券交易所A股上市公司2007~2011年共4813个观测值,探讨高管过度自信对上市公司现金股利支付政策的影响,以及内部治理机制对过度自信高管非理性决策的抑制作用。实证研究发现,高管过度自信与上市公司现金股利支付显著负相关,第一大股东持股比例越高、董事长和总经理两职分离能够显著抑制高管过度自信对现金股利支付的负向影响。

章细贞和张欣(2014)利用沪深证券交易所331家上市公司2007~2010年的面板数据,探讨管理者过度自信对企业过度投资的影响作用及公司治理的"认知纠偏效应"。实证研究结果表明,管理者过度自信对企业过度投资有显著的正向影响,良好的公司治理机制,包括董事会独立性、董事长与总经理两职分离,以及债权人和政府的干预,能够有效抑制这种正向促进作用。

陈凤和吴俊杰(2014)以2008~2012年沪深两市581家上市公司为样本,探讨管理者过度自信对企业投融资风险的影响,并重点考察董事会结构的调节作用。实证分析发现,管理者过度自信对企业投资和融资风险均存在正向影响,良好的董事会结构如董事会独立性越高,管理者过度自信对企业投融资风险的正向作用越弱,说明董事会独立性能够有效抑制过度自信管理者投融资决策的风险。

通过以上回顾关于董事会结构的理论和相关研究可知,虽然代理理论和管家理论秉持不同的观点,但学者们的逻辑推理和实证分析结果都基本认同并验证了董事长和总经理两职分离、独立董事比例对过度自信管理者决策的治理效应,为本书检验董事会结构的治理效应提供了一些实证支持。

第四节　环境动态性文献综述

本节将首先回顾企业在动态环境下获取竞争优势所遵循的动态能力理论，其次介绍环境动态性的内涵，最后梳理在现有企业技术创新和技术多元化的相关研究中，环境动态性所发挥的调节效应，并进行总结形成本书的推论三。

一、动态能力理论

认识和解释企业竞争优势的来源一直是企业战略管理领域的核心问题之一（吴晓波等，2006）。从历史发展脉络看，学者们对这一核心问题的解答经历了从企业内部到企业外部，又从外部回归内部的过程。在早期，Schumpeter（1912）就提出，企业家精神是企业创新和发展的原动力。Penrose（1959）建立了企业内生增长理论，认为企业的能力来自资源的最优配置。Richardson（1972）正式使用 Capabilities（能力）一词来代表企业拥有的知识、经验和技能。20 世纪 80 年代初，Porter（1980）基于产业组织理论提出的"S-C-P"范式，构建了竞争力模型，认为外部的市场结构和企业在产业中的定位决定了企业的竞争优势。到了 20 世纪 80 年代中后期，经典的资源基础理论的提出使得企业竞争优势的研究视野又再次聚焦于企业内部。资源基础理论认为，企业的竞争优势来源于有价值的、稀缺的、不可被模仿的异质资源，企业通过实施基于异质资源的战略来获得竞争优势（Lippman 和 Rumelt，1982；Wernerfelt，1984；Barney，1986）。其后，Prahalad 和 Hamel（1990）在资源基础理论的基础上提出企业核心能力理论，认为企业的核心能力是"企业对其拥有的资源、知识和技能的整合能力"，具有适用性、价值性和难模仿性特征的企业核心能力能够使企业获得竞争优势。

然而资源基础理论和企业核心能力理论的缺陷在于忽略了外部竞争环境的变化。在动态变化的环境下，企业竞争优势来源的基本逻辑从获得持续的竞争优势，变成了持续地获得一系列暂时的竞争优势（Eisenhardt 和 Martin，2000）。在快速变化的动荡环境中，企业拥有的竞争优势都是暂时的，必须随时对环境变化做出响应，及时对内部资源配置进行调整，才能做到适者生存。Teece 等（1997）发表于 *Strategic Management Journal* 的 *Dynamic Capabilities and Strategic Management* 一文正式提出了企业动态能力理论，将企业动态能力定义为"企业将内部与外部的竞争能力进行构建、整合或重置，以适应快速变化的动态环境的一种能力"，反映了企业在路径依赖和市场位置约束下，不断获得新的竞争优势的一种综合能力。Teece 等（1997）强调了企业动态能力的两个基本特点：其一是动态性，即企业需要及时适应外部环境变化；其二是能动性，即企业应该根据环境变化主动对内外部各类资源和知识进行整合和重新配置。Eisenhardt 和 Martin（2000）基于战略管理领域对能力进行界定的传统，从组织惯例和流程的视角对企业动态能力进行了更为规范化的界定："企业动态能力是企业利用资源流程来适应或创造市场变革的能力，资源流程具体指资源获取、资源整合、资源重置和资源释放的过程。所以，企业动态能力也就是，在企业跟随市场变化而涌现、碰撞、分裂、演进和消亡的过程中，用以进行资源重新配置的一种组织战略性惯例。"

二、环境动态性的内涵

根据企业动态能力理论，外部环境的快速变化对企业获得和保持竞争优势有着重要的影响，因此学者们提出了环境动态性的概念来研究这一外部情境因素。环境动态性（Environmental Dynamism），又称环境动荡性（Environmental Turbulence），是环境不确定性的一种。Dess 和 Beard（1984）提出了衡量外界环境特征的三个维度：环境动态性、环境复杂性和环境包容性，并构建了相关测量方法，将环境动态性定义为企业的竞争环境不稳定的程度。Keats 和 Hitt（1988）认为，环境动态性是指企业外部环境要素变化的幅度、频率以及不可预测程度，外部环境要素主要包括技术进步、市场竞争、政府政策等方面。企业在一定的环境中经营和发展，正是环境中各要素快速变化所形成的动态环境推动了企业的战略变革（De Ven 和 Poole，1995）。虽然有许多学者对环境动态性进行了描述和界定，但基本都有着相似的内涵，因此本书认同 Dess 和 Beard（1984）、Keats 和 Hitt（1988）的定义，认为环境动态性是企业竞争环境不稳定的程度，具体指对企业经营产生影响的各环境要素变化的幅度、频率和不可预测程度。

在环境动态性的内涵维度方面，学者们普遍认同可以从两个方面来理解和分析环境动态性（Wheelwright 和 Clark，1992；Jaworski 和 Kohli，1993；王永贵等，2004；张映红，2008）：①技术动态性。技术动态性是指企业感知到的外界技术环境的动态变化，表现为人们无法准确预测或者完全理解技术领域出现的变化（王永贵，2004）。技术动态性反映了新技术出现和发展的速度（Weiss 和 Heide，1993），会直接影响行业标准的变更或者主导设计模式的更新和淘汰，很可能破坏企业已有的核心技术能力的竞争优势（Tushman 和 Anderson，1986）。②市场动态性。市场的动态性表现为市场中消费者偏好和竞争强度的持续变化（Keats 和 Hitt，1988；王永贵，2004）。在高市场动态环境下，产品生命周期变短，消费者需求个性化、多样化、难以预测、产品忠诚度降低，竞争格局不稳定、经常有新竞争者进入，替代产品出现（阎婧等，2016），在此情况下企业必须根据市场环境的动态变化及时调整其战略、产品和服务，以更好地满足市场需求，避免被激烈的市场竞争所淘汰。

三、环境动态性在企业技术创新研究中的调节效应文献回顾

环境动态性是影响企业各项经营和战略决策的重要情境因素，在企业技术创新领域，已有较多文献探讨了在企业技术创新过程的各环节中环境动态性可能发挥的影响作用。结合本书研究选题，以下首先重点回顾环境动态性在企业技术创新产出和技术创新能力前因因素研究中产生的影响。

Baron 和 Tang（2011）考察了企业家的两个显著特征——创造力和积极情绪对企业创新的联合效应（Joint Effect），以及环境动态性的调节作用。通过实证研究验证了理论推理和研究假说，即企业家的积极情绪对其创造力有显著的正向影响，企业家创造力对企业创新有显著的正向影响，环境动态性能够显著增强这两个正向影响作用。

Cingöz 和 Akdoğan（2013）认为在快速变化的情境中，企业需要具有能够对环境变化做出及时响应的能力——战略柔性，战略柔性有助于企业在动态环境中提升技术创新绩效从而获得竞争优势，包括探索式创新和利用式创新。研究以土耳其开塞利（Kayseri）的 69 家企业为样本，实证分析验证了以上观点，企业战略柔性能够显著提高企业的技术创新绩效，并且在高动态环境下，这一正向影响作用变得更强。

冯军政（2013）基于环境动态性与环境敌对性两个维度，探讨其对企业突破性创新和破坏性创新的影响效应，利用 204 家企业数据的实证分析得出，技术环境动态性和市场环境动态性对企业破坏性创新均存在显著的促进作用，技术环境动态性对企业突破性创新也有积极的正向影响，但市场环境动态性对突破性创新的影响不显著。

郭爱芳和陈劲（2013）具体分析了环境动态性在两种不同的组织学习行为（基于科学的学习和基于经验的学习）与企业技术创新产出的关系中发挥的调节效应。以我国 230 家制造业企业为样本的实证分析表明，基于科学或经验的两种组织学习行为均显著提高了企业的技术创新绩效，并且二者能够形成协同交互效应，环境动态性发挥着增强基于科学或经验的学习对企业技术创新产出正向影响的调节效应。

白景坤和丁军霞（2016）基于网络能力视角探讨企业双元创新的形成机制，以及环境动态性的调节效应。研究以我国东部沿海地区高新技术行业企业为样本，通过问卷调查收集 226 份有效问卷，实证分析得出，环境动态性能够

增强网络能力对企业探索式创新的正向影响，但会减弱网络能力对企业利用式创新的正向影响。

通过以上研究结论可知，现有文献基本认同，高动态环境是一种有利于企业提高技术创新产出和技术创新能力的情境。

具体到企业技术多元化研究领域，Lin 和 Chang（2015）利用 165 家 S&P 制造业企业 2008 年横截面数据，实证分析发现，环境动态性能够有效增强大型企业技术多元化水平对其财务绩效和创新绩效的正向影响。何郁冰（2008）的问卷调查研究表明，技术环境动态性有助于增强技术多元化对企业绩效的正向影响，但市场环境动态性的调节作用不显著。王文华等（2015b）以高新技术上市公司为样本的实证研究表明，技术环境动态性和市场环境动态性均发挥着增强技术多元化对财务绩效倒 U 形影响。周舒凡（2016）通过对我国高新技术行业 122 家上市公司开展实证分析发现，市场环境动态性具有增强企业技术多元化水平对财务绩效正向影响的调节效应，但技术环境动态性的调节效应未获得支持。陈立勇等（2016）以我国技术密集型上市公司为样本的实证研究得出，市场环境动态性能够有效增强技术多元化对财务绩效的积极影响，但技术环境动态性的调节效应不显著。

由以上回顾可知，学者们的研究基本认同，高动态环境下，企业技术多元化水平对财务绩效的正向影响（何郁冰，2008；Lin 和 Chang，2015；周舒凡，2016；陈立勇，2016）或倒 U 形关系（王文华等，2015b）得到增强，也就是说，适度的技术多元化不仅可以在平稳的环境中提高企业财务绩效，而且在动态多变的环境下，能够使企业获得更多收益。这表明，适度的技术多元化能够帮助企业更好地适应动态环境带来的变化、机遇和风险，由此得出本书的推论三：

适度的技术多元化可以看作企业的一种动态能力，同时也是一种柔性技术创新战略。

这一推论为过度自信的管理者在高动态环境下更加积极地实施技术多元化战略提供了动机支撑。

第五节　本章小结

第二章对本书研究选题的相关理论和研究文献进行了充分的回顾。首先，第一节梳理了企业技术多元化的相关理论和研究，包括技术创新相关理论、技术多元化的概念和测量方法、企业技术多元化对财务绩效的影响研究、企业技术多元化的前因影响因素研究。重点在于，通过尽可能全面地梳理文献发现，企业技术多元化对财务绩效的研究结论已经成熟，由已有文献得出基本可靠且一致的研究结论：企业技术多元化对财务绩效有正向影响或者二者之间呈倒U形关系。该结论是本书研究选题的前提，正是由于企业技术多元化对财务绩效存在着积极影响，因此需要进一步探讨企业应该如何提高其技术多元化水平，也就是企业技术多元化的前因因素研究。通过继续全面梳理前因研究相关文献发现，该领域的研究尚不充分，并且鲜有文献从战略决策的层面来探讨企业应该如何推进技术多元化战略（何郁冰和陈劲，2012）。基于企业技术多元化前因研究的现状及空白，本书选择从战略决策者心理特征的视角，研究管理者过度自信对企业技术多元化的影响。企业技术多元化对财务绩效的正向影响为过度自信管理者积极推进技术多元化战略提供了动机支持，而二者之间的倒U形关系则为探讨董事会结构的治理效应提供了逻辑前提。

第二节回顾了管理者过度自信的相关理论和研究，包括有限理性假设的提出、高阶梯队理论、管理者过度自信的内涵与来源、管理者过度自信的衡量方法、与本书研究选题相关的管理者过度自信的实证研究。重点在于：①高阶梯队理论的发展和模型演进，这是本书最重要的理论基础；②如何衡量管理者过度自信一直是该领域研究的难点，通过对国内外学者提出的多种衡量方法进行梳理，本书辨析并选择出最有效的衡量方法；③目前尚无直接研究管理者过度自信对企业技术多元化影响作用的文献（当然这正是本书所要解答的问题），但已有的实证研究仍然能够为本书提出研究假设提供支撑，其中的逻辑是：梳理管理者过度自信与企业技术多元化相关领域的绝大部分实证研究，包括管理者过度自信对企业技术创新产出、技术创新投入、多元化和风险承担的影响，然后根据各领域已有的研究结论推断出过度自信管理者的决策偏好，形成本书的推论二，以此作为逻辑分析和提出假设的基础。

第三节回顾了董事会结构的相关理论和研究，包括代理理论和管家理论在董事会结构设置方面的对立观点、董事会结构对过度自信管理者决策的治理效应，为本书探讨董事会结构（董事长和总经理两职分离、独立董事比例）在管理者过度自信与企业技术多元化之间发挥治理调节效应奠定了基础。

第四节回顾了环境动态性的相关理论和研究，包括企业动态能力理论、环境动态性的内涵、环境动态性在企业技术创新研究中的调节效应。重点在于，动态能力理论也是本书的基础理论之一，并且通过梳理环境动态性增强企业技术多元化对财务绩效正向或倒U形影响，得出本书的推论三，即适度的技术多元化可以看作企业的一种动态能力，同时也是一种柔性技术创新战略，这一推论为高动态环境下过度自信管理者更加积极地推进技术多元化战略提供了动机支撑。

第三章 研究假设

第一节 管理者过度自信对企业技术多元化的影响

在第二章第一节中，本书系统全面地梳理和回顾了企业技术多元化对财务绩效影响的相关文献，发现学者们的研究已经基本达成可靠且一致的结论，认为企业技术多元化水平对财务绩效具有正向或倒 U 形相关关系，这意味着必然存在一个适度的企业技术多元化水平，能够为企业带来最有利的经济效益。这一结论是过度自信管理者积极推进企业技术多元化战略的前提和动机，正是因为技术多元化能够帮助企业更好地生存、发展、获得竞争优势，高层管理者才会有足够的动力去提高企业的技术多元化水平。

接下来，将从战略决策的视角，基于高阶梯队理论、Schumpeter 企业家创新模型、管理者过度自信的心理机制以及过度自信管理者的决策偏好，具体分析和解释与非过度自信的管理者相比，具有过度自信心理特征的管理者为什么能够使企业获得更高的技术多元化水平。

一、基于高阶梯队理论和 Schumpeter 企业家创新模型的分析

基于有限理性假设的高阶梯队理论认为，企业高层管理者的心理特征和人口统计学特征会使其形成个性化的高层取向，从而通过有限理性的洞察力，对企业内外部组织和环境的战略情境进行选择性认知和诠释，进而做出反映其个性化高层导向的战略选择和高管行为，对企业绩效产生影响（Hambrick 和 Mason，1984）。该理论揭示了高层管理者特征在企业战略决策上的巨大影响力，同时引发了本书的思考，高层管理者的何种特征会对企业技术多元化的战略决策产生影响呢？

静态的企业技术多元化是指企业的技术知识和技术能力分布在多个技术领域的状态，动态的企业技术多元化则是指企业在多个技术领域开展技术创新活动从而获得多领域技术创新产出的过程，因此技术多元化是属于企业技术创新领域的研究议题。创新理论之父 Schumpeter 提出的企业家创新模型为本书探究可能对企业技术多元化决策产生影响的高层管理者心理特征提供了依据。

Schumpeter 认为，创新就是建立一种新的生产函数，将一种从未存在过的

生产要素和生产条件的"新组合"引入生产体系,而企业家的职能就是实现"新组合",即创新。因此,Schumpeter 对"企业家"的界定与一般意义上基于身份的辨别不同,他认为只有真正实现了"新组合"的人才是企业家,所以企业家并不是一种职业,甚至也不是某一个人身上长期恒久的状况,而是一种行为特征,只要致力于追求并实现"新组合"——创新的人便可称其为企业家,包括企业的管理者、经理层人员。

Schumpeter 企业家创新模型,又称为 Schumpeter 创新模型 I,如图 3-1 所示,它描述了企业家实现"新组合"的"创新性破坏"过程:当科技有了新的进步,企业家意识到新技术的市场价值,于是驱动了企业的技术创新,通过增加新技术的创新投资形成新的生产模式,成功的企业技术创新将打破市场平衡、改变市场结构,从而使企业获得暂时的超额垄断利润,但随着模仿者的出现垄断利润会被逐渐削弱并消失,这种短期的超额垄断利润即 Schumpeter 利润。

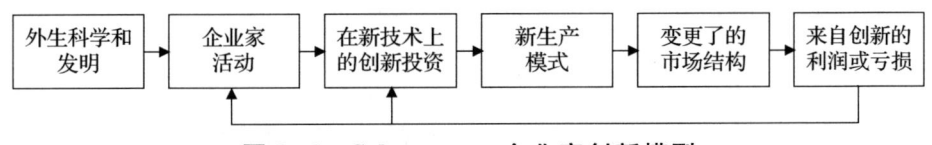

图 3-1　Schumpeter 企业家创新模型

资料来源:Freeman C. The economics of industrial innovation [M]. Cambridge:The MIT Press, 1982.

Schumpeter(1912)指出,企业家实施的"创造性破坏"虽然以为企业谋求超额利润为直接目的,但却并非仅仅出于对个人财富的追求,企业家最突出的动机是自我实现,即"企业家精神"(熊彼特,1990),企业家精神是资本主义的"灵魂",具体的特征有:①对成功的追求,"证明自己比别人优越的冲动""征服的欲望""成功是为了成功本身,不仅是成功果实";②热衷于创造,"以冒险为乐事""创造的喜悦""施展个人才能和智慧的喜悦""寻找困难、为改革而改革的乐趣";③建立私人王国的欲望,"存在一种梦想和欲望,要找到一个私人王国";④坚强的意志,"逆着潮流游泳"。

在第二章第二节,本书梳理了管理者过度自信行为特征来源的心理机制,包括控制幻觉(Langer 和 Roth,1975)、自我归因偏差(Bem,1965;Gervais 和 Odean,2001)、知识幻觉(Oskamp,1965;Russo 和 Shoemaker,1992)、优于平均幻觉(Larwood 和 Whittaker,1977)、过度乐观(Weinstein,1980;Lin 等,2005)。通过表 3-1 对比企业家精神的特征与管理者过度自信的心理机制,虽然描述企业家精神特征的词语都是积极的,而对管理者过度自信心理机制的描述大多使用"幻觉"等体现校准偏差(Miscalibration)的词语,但深入分析可以看出，企业家精神特征和管理者过度自信心理机制如同一枚硬币的两面，具有相似甚至相同的心理本质，区别在于后者对这些心理本质进行了校准，将高于校准的偏差视为过度自信。具体而言，管理者产生优于平均幻觉的过度自信，是因为他内心存在"证明自己比别人优越的冲动"与"征服和成功的欲望"，只不过事实上可能他并不比别人优越，所以形成了过度自信，但这种内心对成功和卓越的追求就是一种企业家精神；同时这种企业家精神也会使管理者产生自我归因偏差，认为成功是源于"自己比别人优越"及"个人的才能和智慧"，从而产生过度自信。企业家精神中热衷"施展个人才能和智慧的喜悦"，说明企业家对自己的才能和智慧充满信心，但如果过分依赖个人掌握的知识和信息，就会因知识幻觉产生过度自信；企业家建立私人王国的梦想和欲望，容易使其将所管理的企业当成私人王国，从而产生控制幻觉，误以为能够主宰王国中所有事件的结果，于是形成了过度自信。而过度自信管理者的难度效应（Griffin 和 Tversky，1992），即面临的任务越难反而越自信，则可能缘于通过难度来"证明自己比别人优越"、对难题"征服的欲望"、在困难中"施展个人才能和智慧的喜悦""以冒险为乐事""寻找困难、为改革而改革的乐趣"，以及"逆潮流游泳"的坚强意志。因此，本书认为，在某种程度上，管理者过度自信的心理本质就是企业家精神，也就是说，管理者过度自信是企业家精神基于"校准"视角的一种特殊体现。通过以上分析得出本书的推论一：

管理者过度自信与企业家精神具有相似的心理本质，过度自信的管理者通常具有企业家精神。

表 3-1　企业家精神特征与管理者过度自信心理机制对比

企业家精神的特征	管理者过度自信的心理机制
对成功的追求： "证明自己比别人优越的冲动""征服的欲望" "成功是为了成功本身，不仅是成功果实"	优于平均幻觉（Larwood 和 Whittaker，1977）；自我归因偏差（Bem，1965；Gervais 和 Odean，2001）；难度效应（Griffin 和 Tversky，1992）；过度乐观（Weinstein，1980；Lin 等，2005）
热衷于创造： "以冒险为乐事""创造的喜悦""施展个人才能和智慧的喜悦""寻找困难、为改革而改革的乐趣"	知识幻觉（Oskamp，1965；Russo 和 Shoemaker，1992）；难度效应（Griffin 和 Tversky，1992）；过度乐观（Weinstein，1980；Lin 等，2005）
建立私人王国的欲望： "存在一种梦想和欲望，要找到一个私人王国"	控制幻觉（Langer 和 Roth，1975）
坚强的意志： "逆着潮流游泳"	难度效应（Griffin 和 Tversky，1992）

资料来源：作者整理。

经过以上分析及推论一，已经可以解答本节开始时提出的疑问，本书认为，体现企业家精神的过度自信管理者很可能就是 Schumpeter 企业家创新模型中"创造性破坏"——企业技术创新的驱动者，同时也是高阶梯队理论的高层管理者战略选择模型中（见图 2-1），企业技术多元化战略的决策者和推动者。接下来，将根据过度自信管理者的决策偏好（推论二）进一步分析管理者过度自信对企业技术多元化的影响逻辑。

二、基于过度自信管理者决策偏好的分析

企业技术多元化是一种涉及多个技术领域的技术创新战略，因此其既具有技术创新的特点，又体现着多元化的特点，然而这也意味着，实施技术多元化战略既会使企业面临技术创新高投入、长周期、不确定的高风险性，又可能存在着"多元化折价"的风险，即当过度技术多元化的协调成本超过其范围经济效应，会导致企业面临财务绩效受损的风险，这也是企业技术多元化对财务绩效具有倒 U 形影响的原因。综上所述，企业技术多元化具有三方面的特点：第一，是一种技术创新战略；第二，是一种多元化战略；第三，是一种风险性较高的战略选择。基于企业技术多元化的这三个特点，本书在第二章第二节较为全面地回顾了管理者过度自信对企业技术创新产出、企业技术创新投入、企业多元化、企业风险承担影响的实证研究，并根据这四个领域的研究结论形成了过度自信管理者决策偏好的推论（即推论二）。以下将基于推论二来具体分析管理者过度自信如何对企业的技术多元化水平产生影响。

首先，企业技术多元化是一种技术创新战略，过度自信的管理者具有技术创新导向的决策偏好，能够使企业获得更好的技术创新绩效。技术创新是一种特殊的投资活动，具有高投入、高收益、长周期但结果不确定的特点（Lee 和 O'Neill，2003），也就是说高收益对应着高风险。基于委托代理理论，理性的管理者在决策时不仅考虑股东利益，也会思考决策的后果对自身利益、声誉和职业生涯的影响，因而会更多地忌惮技术创新的高风险，从而较为保守地选择风险和收益均平平的普通投资项目（John 等，2008）。但是过度自信管理者所具有的"自我实现"的企业家精神，会使其热衷于追求"成功本身""创造的喜悦"和"以冒险为乐事"，因此过度自信的管理者会更勇于追求技术创新活动的高收益和高回报，从而也更有机会获得良好的技术创新成果和绩效。

其次，企业技术多元化是一种多元化战略，过度自信的管理者具有多元化导向的决策偏好，使企业的多元化水平更高。学者们在研究管理者过度自信对技术创新的影响时，常常发现过度自信的管理者能够开拓更多的创新成长机会（Hirshleifer 等，2012；林慧婷和王茂林，2014），更有可能带领企业进入新的

技术领域（Galasso 和 Simceo，2011）。而且，技术多元化与产品多元化具有异常紧密的联系，相互支持、互相促进，因此较高的产品多元化水平能够促进技术多元化，而技术多元化也是过度自信管理者实施产品多元化的技术基础（Granstrand 和 Sjölander，1990；Oskarsson，1993；Granstrand，1998）。

最后，企业技术多元化是一种风险性较高的战略，过度自信的管理者具有风险承担导向的决策偏好。企业技术多元化同时具有技术创新的高风险和"多元化折价"的风险，既有可能因多元化的技术储备与环境需求相匹配而放大收益，也有可能因技术方向性选择失败或在市场和技术环境的快速变化中丧失技术优势，使企业陷入更严重的风险危机，可见企业技术多元化既孕育着成功的巨大机会，也存在着失败的巨大风险。而过度自信的管理者倾向于选择风险性和挑战性较高的创新类项目（Hirshleifer 等，2012），即便这样的结果可能特别好或特别差（Baker 和 Wurgler，2011）。Hilary 和 Hui（2009）也发现承担高风险水平的企业表现为更高的技术创新投入和创新积极性，这表明对高风险的承担会更多地选择技术创新领域。

综上所述，过度自信的管理者同时具有技术创新导向、多元化导向和风险承担导向的决策偏好，也就是说过度自信的管理者可能更热衷于在高风险的技术创新领域进行多元化拓展，即开展企业技术多元化战略。

本节基于高阶梯队理论、Schumpeter 企业家创新模型、管理者过度自信的心理机制和过度自信管理者的决策偏好，分析了管理者过度自信对企业技术多元化产生影响的内在逻辑，基于以上分析，提出研究假设 H1。

假设 H1：管理者过度自信有助于提高企业的技术多元化程度。

第二节　企业技术创新投入的中介作用

本节将进一步挖掘管理者过度自信对企业技术多元化影响路径的作用机制。企业技术多元化的实现有多种途径，企业可以通过内部研发、联盟研发、专利购买或技术并购等方式将技术资源和知识基础扩张到多个领域（Miller，2006）。对大部分专利密集型企业而言，通过内部或联盟的方式开展研发活动是获得技术创新成果的主要方式，而只有投入足够的人、财、物等资源，才有可能获得创新成果。基于专利数据计量的技术多元化代表着企业技术创新活动的产出和绩效，一定的技术创新产出必然来源于相应的技术创新投入。Schumpeter 企业家创新模型（见图 3-1）也表明，在企业家的"创造性破坏"过程中，增加新技术领域的资源投入是创新活动中一个重要的中间环节。因此，技术创新投入很可能在管理者过度自信对企业技术多元化的作用机制中发挥着中介效应，接下来首先考察管理者过度自信对企业技术创新投入的影响。

一、管理者过度自信对技术创新投入的影响

技术创新活动通常具有高风险、高收益、高投入、周期长、不确定性高的特点（Lee 和 O'Neill，2003），比一般的投资项目更有难度、更具有挑战性，技术创新项目的成功也更能够突显企业家才能（Dess 等，1997），特别是涉及技术发展新领域的创新项目，对管理者的战略眼光、知识储备和管理能力有更高的要求。根据管理者过度自信来源的心理机制：①自我归因偏差（Bem，1965；Weiner 和 Kukla，1970；Daniel 等，1998）会使有过成功技术创新经验的管理者变得过度自信，将成功的原因归功于自己在技术创新领域有着独到的眼光、卓越的才能和非凡的智慧，从而热衷于实施更多的技术创新活动；②基于优于平均幻觉（Larwood 和 Whittaker，1977）和难度效应（Griffin 和 Tversky，1992）的过度自信使管理者对比普通的投资活动，更喜欢挑战高风险高难度的技术创新项目，特别是开拓新技术领域或者需要跨技术领域协调的技术创新活动，期待通过成功经营高难度的技术创新项目来展现自己拥有超越众人的企业家才能；③过度乐观使管理者认为自己实施的高收益项目更有可能成功，从而容易被创新项目的高收益所吸引，却低估或者忽略高风险性和不确定性可能导致失败的概率。

基于心理机制的分析可知，过度自信的管理者会更热衷于投资技术创新项目。通过第二章第二节对已有相关文献的梳理发现，学者们普遍认同管理者过度自信有助于促进企业的技术创新投入（Hirshleifer 等，2012；王山慧等，2013；林慧婷和王茂林，2014；彭珊，2014；易靖韬等，2015；于长宏和原毅军，2015；毕晓方等，2016；邬晓婧和郭淑娟，2016；张信东和郝盼盼，2017）。因此本节提出研究假设 H2。

假设 H2：管理者过度自信有助于提高企业的技术创新投入。

二、企业技术创新投入对技术多元化的影响

虽然中介变量对因变量的影响作用并非检验中介效应的必要步骤，但企业技术创新投入对其技术多元化程度的影响同样是本书所关心的问题。

技术创新投入是学者们开展企业技术多元化研究时常常关注的因素，更有学者将研发多元化或研发活动多元化等同于技术多元化，如 Kodama（1986）认为技术多元化就是某产业在主导产品范围之外开展研发活动的现象。虽然本书并不完全认同这种定义，但不可否认技术创新投入在实施技术多元化的路径中发挥着重要作用，充足的技术创新投入使企业可以将丰富的甚至冗余的研发

资源投入到并非主导的技术和产品领域，鼓励创新团队开展面向利基市场、引领未来市场或跨领域跨学科的创新活动，充足的技术创新投入可以使科研人员不必顾虑成本控制、不畏惧失败，大胆尝试各种可能的创新想法，从而使企业形成多领域多样化的技术知识和技术能力分布，为未来开拓更广阔的发展空间形成技术储备。

已有研究验证了技术创新投入对企业创新绩效的显著正向影响（马文聪等，2013；严焰和池仁勇，2013），但目前直接研究企业技术创新投入影响技术多元化的实证文献尚不丰富。Chiu 等（2010）从多个角度探讨了企业技术范围的选择问题，发现高研发投入会正向影响企业的技术多元化水平。潘鑫等（2014）利用我国国家知识产权局记录的各省市 2001~2011 年在 30 个技术领域的专利申请数，以及《中国统计年鉴》和《中国科技统计年鉴》中各省市的研发投入和外部技术获取金额，从较为宏观的层面验证了内部研发和外部技术获取投入均对技术多元化水平有正向影响。以上研究结论为本书提供了一定支持。

基于上述理论分析和文献回顾，提出研究假设 H3。

假设 H3：技术创新投入有助于提高企业的技术多元化程度。

综合本章第一节和第二节的分析可知，技术创新投入很可能在管理者过度自信对企业技术多元化的影响作用之间发挥着中介作用。与非过度自信相比，过度自信的管理者基于自我归因偏差、优于平均幻觉、难度效应和过度乐观的心理机制，会更热衷于实施技术创新活动，增加技术创新投入，而企业的技术创新投入越多，表明企业有更为丰富的资源和机会形成多领域多样化的技术能力，因此提出技术创新投入发挥中介作用的研究假设 H4。

假设 H4：企业技术创新投入在管理者过度自信与技术多元化之间发挥中介作用。

第三节　董事会结构的调节作用

正如第二章第二节所介绍的，高阶梯队理论（Upper Echelons Theory，UET）经历了从第一代 UET 模型（Hambrick 和 Mason，1984）到第二代 UET 模型（Carpenter 等，2004）的发展过程，其中第二代 UET 模型的一个显著改善就是将高阶梯队理论与公司治理机制相融合，在模型中提出了董事会特征的调节作用（见图 2-3）。高阶梯队理论将高层管理者视为组织的预测变量，认为其心理特征和人口统计学特征决定了企业的战略选择和组织绩效，公司治理机制则研究如何将高层管理者的决策行为与企业的绩效联系在一起。

基于这种理论的发展与融合，本书引入了董事会结构，探讨其对管理者过度自信和企业技术多元化之间关系的调节作用，以期将过度自信管理者的技术多元化决策行为与企业财务绩效更好地联系起来。这种"期望"源自企业技术多元化对财务绩效的倒 U 形影响关系（Leten 等，2007；Manh，2010；Kim 等，2016；杨玉波等，2015；王文华等，2015a、2015b；姜马，2016；徐娟，2016、2017）。倒 U 形影响关系表明企业存在一个最佳的技术多元化水平区间，过度技术多元化会对企业绩效产生不利影响，因此企业有必要建立有效的治理机制，及时矫正过度自信管理者做出的可能导致过度技术多元化的不科学决策行为，从而将企业的技术多元化水平维持在最佳区间，使企业获得最佳的财务绩效。

在第二章第三节中，本书分析了董事会结构作为现代公司治理体系核心的重要地位（李维安等，2009），以及公司治理领域两个立场相对的经典理论——代理理论和管家理论对董事会结构安排所持的不同观点。代理理论将管理者视为机会主义的理性"经济人"，倡导董事长与总经理两职分离，并引入外部独立董事，增强对经理层的监督和约束。管家理论基于组织心理学和组织管理学的视角，认为管理者是企业兢兢业业、恪尽职守的管家，通过自我成就获得满足感，而倡导董事长与总经理两职合一，这有利于 CEO 的统一领导和管理，提高决策效率，同时认为以独立董事或外部董事为主的董事会违背了掌握信息最全面则决策最有效的原则，因而是一种低效率的董事会组织形式。

本书认为，代理理论和管家理论的立场和观点都有失偏颇，难以独立解释现实环境的具体情况。正如 Lee 和 O'Neill（2003）所言，经理人既不是天生的机会主义者，也不是天生的企业管家，他们的行为更可能是复杂的内外部环境、治理机制和激励措施综合作用下的理性选择。从理论基础看，过度自信的管理者更符合管家理论对人性的基本假设，但如果按照管家理论完全信任、充分授权、无条件支持的原则设置董事会结构，实行两职合一、不聘请独立董事，就无法对管理者过度自信这一心理偏差及可能导致的不科学决策行为进行约束和纠正，从而使企业绩效受到损害，这样的董事会结构必然是无效的。

董事会结构中两职分离、提高独立董事比例的治理效应主要体现在以下两个方面：

第一，两职分离和独立董事有助于对过度自信管理者的不科学决策进行监督和纠正。董事会承担着代表股东权益监督管理者决策的重要责任，董事长是这一关键职责的第一承担主体。如果企业的总经理兼任董事长，被监督者与监督者合二为一，会导致董事会的监督职能大幅减弱甚至完全丧失，总经理则拥有较大管理自主权，较大的管理自主权会增强管理者过度自信对企业决策的影响（Li和Tang，2010）。而董事长和总经理两职分离能够从制度安排上最大限度地确保董事会对管理者的监督和制衡，降低总经理的管理自主权，从而抑制其过度自信心理造成不科学的技术多元化决策。

独立董事制度是现在公司治理体系中的重要组成部分，其作用体现在通过在董事会中引入独立的第三方，保护中小股东利益、降低内部人控制、提高董事会的决策能力。董事会成员中独立董事占比高意味着能够更好地发挥独立董事的监督和建言作用，既能提高董事会的独立性，又能增强董事会的专业性。独立董事通过为管理层决策提供专业、客观的信息和知识，能够帮助过度自信的管理者做出科学的经营和战略决策（Kolasinski和Li，2013），并及时纠正可能损害企业绩效的决策偏差。

第二，两职分离和独立董事有助于降低管理者的控制幻觉。控制幻觉是管理者之所以比普通人更加过度自信的一个重要原因（Langer，1975）。在董事长与总经理两职合一或独立董事比例较低的情况下，缺乏监督的巨大经营决策权容易使管理者产生强烈的控制幻觉，认为他能够控制企业经营决策的结果，这种过度自信会使管理者更加低估决策的风险和失败概率、高估决策成功的可能性，从而做出不科学的战略决策，如过度的技术多元化。而两职分离和较高的独立董事比例如同"紧箍咒"，使管理者时常感觉他的决策行为处于董事会的监督和合理约束之下，从而能够降低管理者的控制幻觉及过度自信水平，使其更加理性审慎地做出技术多元化战略决策，避免出现损害企业绩效的过度技术多元化。

饶育蕾和贾文静（2011）、Schrand和Zechman（2012）均认为两职合一的CEO会更加自信，两职分离和董事会独立性能够有效降低管理者的过度自信程度（Baccar等，2012；李莉等，2014）。江伟和黎文靖（2009）、雷辉和吴婵（2010）、胡秀群和吕荣胜（2013）、章细贞和张欣（2014）、陈凤和吴俊杰（2014）等研究分别验证了两职分离和独立董事比例在过度自信管理者对资本结构、企业并购、股利支付、过度投资、投融资风险等领域决策中发挥的治理效应，为本书提供了一些支持。

综合上述理论分析和文献回顾，提出如下研究假设：

假设 H5：与两职合一相比，在两职分离的情境下，管理者过度自信对企业技术多元化的正向影响减弱。

假设 H6：与低独立董事比例相比，在高独立董事比例的情境下，管理者过度自信对企业技术多元化的正向影响减弱。

第四节　环境动态性的调节作用

企业的战略决策不仅受到内部组织特征的影响，而且外部环境特征也发挥着重要的影响作用。在高阶梯队理论的第二代 UET 模型中（Carpenter 等，2004），明确提出了环境特征对高层管理者战略选择和绩效影响所发挥的情境作用，因此探讨环境动态性在管理者过度自信对企业技术多元化的影响关系上所发挥的调节作用具有理论合理性。

低动态环境中，企业所在行业的技术发展比较成熟，行业标准和产品主导设计模式基本稳定，企业可以保持已有的技术能力和技术结构；同时市场竞争环境也较少有变化，竞争格局形成平衡，消费者结构和需求可以预测，在此情境下，企业基于已有的技术能力和产品、组织流程和惯例就可以在市场中平稳地运营下去。但是，在经济全球化、信息化的今天，这样的低动态环境可以说已经不复存在。当下的全球经济是一种高动态的环境，当技术环境动态变化时，新技术和新变革层出不穷地快速更替，会使企业原有的核心技术能力遭到淘汰，基于原有核心技术能力获得的企业竞争优势很快消失，并且先前储备的核心技术知识、资源、组织流程和惯例很可能成为"核心刚性"和"能力陷阱"，阻碍企业快速适应技术环境的变化（史敏等，2017a）；而在高市场动态环境下，产品生命周期变短，消费者需求个性化、多样化、难以预测、产品忠诚度降低，竞争格局不稳定、经常有新竞争者进入和替代产品出现（阎婧等，2016），在此情况下企业必须根据市场环境的动态变化及时调整其战略、产品和服务，以更好地满足市场需求，避免被激烈的市场竞争淘汰。

本书认为在高动态环境下，管理者过度自信对企业技术多元化的影响作用会增强，原因主要有如下两方面：

第一，根据推论三，企业技术多元化是一种具有多样化知识基础的能够帮助企业更好地适应高动态环境的柔性技术创新战略，与低动态环境相比，在高动态环境情境下，企业为了在动荡多变的环境中更好地生存和发展下去，就对实施企业技术多元化战略有了更紧迫的需求。通过第二章第四节的文献梳理发现，已有文献研究结论一致认为，在高动态环境下，企业技术多元化对财务绩效的正向影响（何郁冰，2008；Lin 和 Chang，2015；周舒凡，2016；陈立勇，2016）或倒 U 形关系（王文华等，2015b）得到增强，也就是说，适度的技术多元化不仅可以在平稳的环境中提高企业财务绩效，而且在动态多变的环境下，能够使企业获得更多收益。这表明，技术多元化能够帮助企业更好地适应动态环境带来的变化、机遇和风险。Subbanarasimha（2001）借鉴生物学中的一个基本原理：免疫系统具有一种识别多样性抗原，并能够在必要时产生相应抗体的能力，提出企业动态能力应该具有多元化的知识基础特性，从而能够帮助企业更好地适应变化的环境。而多元化的知识基础正是企业技术多元化的基本特征，因此适度的技术多元化可以看作企业的一种动态能力，同时也是一种柔性技术创新战略，能够帮助企业更好地适应环境变化，甚至能够创造和引领变革（推论三）。这一推论表明，在高动态环境下，过度自信的管理者会有更强的动机积极推进企业技术多元化战略。

第二，高动态环境中所蕴含的机遇和挑战，能够进一步激发过度自信管理者的企业家精神。本书的推论一表明，管理者过度自信与企业家精神具有相似的心理本质，过度自信的管理者通常具有企业家精神。高动态环境往往是一柄双刃剑（冯长利等，2015），在动荡多变的环境中，技术不断推陈出新，市场需求变化莫测，机遇和风险相伴相生，若能抓住发展机遇就是时代的弄潮儿，若一棋不慎就会全盘皆输。对实施技术多元化战略的企业而言，既可能因多样化的技术储备正好符合技术发展趋势和市场需求而获得更为广阔的发展空间，也可能因方向性决策失误形成大量技术多元化投资沉没成本从而导致企业走向破产。然而，蕴藏着巨大成功机会和风险威胁的高动态环境，却正是"追求成功""以冒险为乐事""热衷于创造"、追寻"难度效应"、具有"坚强意志"、渴望"建立私人王国"的过度自信管理者证明其具有卓越个人才能和智慧的最佳时机。

与理性的管理者在高动态环境中畏惧风险和变化、容易错失机会不同，高动态环境能够进一步激发过度自信管理者的企业家精神。巨大的成功机会使其萌生在风云变幻的时代潮流中建立自己的商业王国和获得成功的渴望；而风险和挑战则会使其更加跃跃欲试，因为"逆着潮流游泳""寻找困难、为改革和改革"、为他人所不能为反而为过度自信的管理者提供了"施展个人才能和智慧""证明自己比别人优越"、实现"征服欲望"的机会；此外，管理者过度自信心理所具有的校准偏差（Miscalibration）的本质特征，也会使其高估高动态环境中成功的概率，低估风险和失败的概率，从而强化以上两种影响。企业家精神是创新的根源，为了能够更好地利用动态环境中蕴藏的发展机遇，过度自信的管理者会更加热衷于实施技术多元化战略，开展多技术领域的技术创新，进行多样化的技术资源储备，使企业形成技术多元化的动态能力，从而在动荡多变的环境中谋求更广阔的发展空间。

综合以上分析，提出研究假设 H7。

假设 H7：与低动态环境相比，在高动态环境下，管理者过度自信对企业技术多元化的正向影响增强。

第五节 本章小结

本章基于高阶梯队理论、Schumpeter 企业家创新模型、管理者过度自信的心理机制、动态能力理论和本书的三个推论,通过理论分析和逻辑推理分别探讨了管理者过度自信对企业技术多元化的影响、管理者过度自信对技术创新投入的影响、技术创新投入对企业技术多元化的影响、技术创新投入的中介作用、董事会结构(董事长和总经理两职分离、独立董事比例)对过度自信管理者技术多元化决策的治理调节效应,以及环境动态性对管理者过度自信和技术多元化影响关系的增强调节效应,从而提出了本书的 7 个研究假设,如表 3-2 所示。

表 3-2 研究假设

分类	假设
主效应	假设 H1:管理者过度自信有助于提高企业的技术多元化程度
技术创新投入的中介效应	假设 H2:管理者过度自信有助于提高企业的技术创新投入
	假设 H3:技术创新投入有助于提高企业的技术多元化程度
	假设 H4:企业技术创新投入在管理者过度自信与技术多元化之间发挥中介作用
董事会结构的治理效应	假设 H5:与两职合一相比,在两职分离的情境下,管理者过度自信对企业技术多元化的正向影响减弱
	假设 H6:与低独立董事比例相比,在高独立董事比例的情境下,管理者过度自信对企业技术多元化的正向影响减弱
环境动态性的调节效应	假设 H7:与低动态环境相比,在高动态环境下,管理者过度自信对企业技术多元化的正向影响增强

第四章 实证研究设计

第一节 样本选择与数据来源

一、样本研究期间的确定

样本的研究期间设置为 2007~2013 年，考虑的因素有：①上市公司从 2007 年 1 月 1 日起执行新《企业会计准则》，因此 2006 年及之前的报表数据可能存在与 2007 年及之后的报表数据统计口径不一致的问题；②2007 年 1 月 1 日起执行的新《企业会计准则第 6 号——无形资产》明确要求上市公司"应当披露当期确认为费用的研究开发支出总额"，而 2006 年及之前披露研发费用的上市公司较少；③2006 年之前执行的《公司法》禁止公司董监事和经理在任职期间转让、买卖本公司股票，2006 年 1 月 1 日起实施的新《公司法》放松了这一严格的限制，规定公司董事、监事和高管在任职期间每年转让的股份不得超过其所持本公司股份总数的 25%，并且自公司股票上市交易之日起一年内不得转让所持本公司股份。因此，样本研究期间起始年份选择 2007 年，并选取 2006 年之前上市的公司，这样从 2007 年开始这些上市公司的高层管理者就可以在 25% 的限制范围内根据个人意愿自由交易本公司股份；④本书利用企业每年拥有的已授权发明专利来测量其技术多元化，发明专利从提出申请到获得授权平均需要 3~5 年时间甚至更久，也就是说截至 2017 年 2 月（本书收集专利数据的时间点），企业于 2013 年及之前提交的发明专利申请已经有相当一部分获得了审查结果，因此选择 2013 年为样本结束年份。

二、样本公司的筛选

2016 年，我国国家知识产权局编制了《专利密集型产业目录（2016）》，所包含的产业均具备较为明显的专利优势，依赖技术创新与知识产权参与市场竞争。通过将该专利密集型产业目录与证监会颁布的《上市公司行业分类指引（2012 年修订）》相比照，选取沪深两市 A 股制造业中（C26、C27、C34~C39）八个细分行业的上市公司作为初始样本，并对初始样本进行如下筛选：第一步，由于 ST、*ST 特别处理或 PT 退市的上市公司其财务数据在特别处理或退市之前 2~3 年就会出现异常，因此剔除 2007~2015 年期间 ST、*ST 特别处理或 PT 退市的上市公司；第二步，剔除在 2007~2013 年样本期间不拥有任何已授权发明专利的公司；第三步，为了消除首次公开募股（IPO）对公司股价和财务数据的影响，剔除 2006 年及之后上市的公司。经过以上三个筛选步骤共得到 195 家上市公司，界定为样本Ⅰ。样本Ⅰ暂不考虑由于技术多元化之外的变量数据缺失而剔除观测值的情况，仅作为分析上市公司专利授权状况的样本。

进一步地，并非这 195 家上市公司在 2007~2013 年间有授权发明专利的年份都可以作为有效观测点，这是因为每个专利申请被受理后所需的审查时间不同，同一年甚至同一批提交的专利申请很可能在不同的年份获得审查结果，截至 2017 年 2 月，如果某公司某样本年份及之前提交的发明专利申请尚有一部分正处于审查中，那么现有的已授权发明专利就无法真实反映该公司该年的技术多元化水平。基于小概率原理，选择 5% 作为允许有效观测点存在审查中发明专利申请的容纳比例，即如果某公司某年提交的全部发明专利申请中尚处于审查状态的不超过 5%，则认定该公司该年的技术多元化数据为有效观测值，从 2007~2013 年逐年按此标准检查，若于 t 年首次发现非有效观测点，则 t-1 年为该公司数据的截止年份。

基于上述有效观测点的确认原则，2007~2013 年间样本Ⅰ中的 195 家上市公司共 1188 个企业技术多元化数据的有效观测点。首先，对这 1188 个企业技术多元化数据的有效观测点在各行业以及 2007~2013 年各年的分布情况进行汇总分析，如表 4-1 所示。样本Ⅰ有 195 家上市公司，由表中数据可知，只有在 2010 年全部样本企业的技术多元化数据才都是有效的，这说明截至 2017 年 2 月，195 家样本企业在 2010 年提交的全部发明专利申请中，已有至少 95% 的比例审查完毕，获得授权或被驳回，均为有效观测点。根据有效观测点的确认原则可知，2010 年之前每年的观测点也都是有效的，之所以不足 195 家，是因为部分样本企业在样本研究期间的初期未提出发明专利申请，随着时间推进有越来越多的样本企业提出发明专利申请。同时也可以据此大致推测出，至少 95% 的发明专利申请可以在 6 年内结束审查。2010 年之后，越靠近 2017 年 2 月（数据搜集截止时间），就有越多当年提出申请的发明专利至少 5% 还处于审查当中的企业，因此有效观测点的数量逐年降低。样本Ⅰ中的 195 家上市公司在各行业的分布情况由 2010 年的数据可知。表中最后一行计算了每年的有效观测点数量（也即每年有效的样本企业数）占样本Ⅰ总企业数的比例，重点关注 2010 年之后的年份，以 2013 年为例，说明有 40% 的样本企业其 2013 年提交的发明专利申请仍有 5% 以上处于审查中。这并不影响本书使用 2013 年 60% 的有效观测点，并且正是因为 2013 年有 60% 的样本企业满足有效观测点的确认原则，所以将样本期间截止为 2013 年。同时在稳健性检验中将会剔除

2012年（0.82）和2013年（0.60）的数据，进一步开展分析。

表4-1 样本I企业技术多元化数据有效观测点分布情况

行业代码	行业名称	2007年	2008年	2009年	2010年	2011年	2012年	2013年	合计
C26	化学原料和化学制品制造业	26	29	31	31	30	26	23	196
C27	医药制造业	39	39	40	41	38	30	17	244
C34	通用设备制造业	9	11	15	15	14	12	9	85
C35	专用设备制造业	19	21	22	22	22	22	17	145
C36	汽车制造业	13	13	14	16	16	13	13	98
C37	铁路、船舶、航空航天和其他运输设备制造业	2	2	3	5	5	5	5	27
C38	电器机械器材制造业	23	24	24	24	24	22	12	153
C39	计算机、通信和其他电子设备制造业	35	37	38	41	39	29	21	240
	合计	166	176	187	195	188	159	117	1188
	每年有效观测点/样本I总数	0.85	0.90	0.96	1.00	0.96	0.82	0.60	—

接下来，在样本I的基础上继续筛选出开展回归分析的研究样本，第四步，剔除在样本期间内变量数据存在缺失的观测值，从而获得样本II，包括189家上市公司。考虑到企业研发活动需要一定的周期，在实证模型中用滞后一期的因变量企业技术多元化参与回归分析。因此，本书实证研究最终获得189家上市公司2007～2013年共717个有效观测值，具体而言，企业技术多元化的数据为2008～2013年，其他变量的数据为2007～2012年。

三、数据来源

测量企业技术多元化所需的专利数据来源于佰腾网，在"申请（专利权）人"选项处输入上市公司全称进行精确检索，收集该上市公司曾提出申请或在样本研究期间内拥有专利权的全部已授权发明专利信息。若该上市公司的名称曾经发生过变更，则对每个具体名称进行精确检索，并将该上市公司不同名称下的已授权发明专利信息做汇总处理。此外，同时在PatentHub专利信息网站进行检索以核对数据，发现这两个网站所检索出的上市公司已授权发明专利信息基本一致。本书采用上述检索方法，以"申请（专利权）人"为检索对象，以上市公司全称为唯一识别信息，获得上市公司自身所拥有的已授权发明专利数据，不包括子公司申请或拥有的与上市公司母公司无关的已授权发明专利。

计算技术创新投入所需的研发费用数据来源于Wind资讯金融终端，管理者过度自信、董事会结构、环境动态性、上市公司的股权特征、董事会特征和相关经营特征等其他变量所需的原始数据来源于国泰安（CSMAR）数据库和色诺芬（CCER）经济金融数据库。为了消除极端值对统计结果的影响，对数值连续型原始数据按首尾各 1% 的标准进行 Winsorize 处理。数据处理、描述性统计分析、变量相关性分析和多元层次回归分析使用 Stata 13.1 和 Microsoft Office Excel 2007 软件。

第二节　变量测量

一、因变量：技术多元化（TD）

于 20 世纪 90 年代兴起的基于专利数据的统计方法拉开了技术多元化定量实证研究的序幕。专利分为发明专利、实用新型专利、外观设计专利三类，其中发明专利的拥有量最能反映企业的技术创新能力。我国国家知识产权局工作统计显示，2016 年该局共受理发明专利申请 133.9 万件，共授权发明专利 40.4 万件，发明专利授权率在 40%~50%，说明一半以上的发明专利申请最终不会获得授权。因此，利用发明专利申请数据测量企业技术多元化水平是存在一定问题的，企业拥有的已授权发明专利数据才能真实体现其多样化技术成果的分布状况。

本书利用企业每年拥有的已授权发明专利在各技术领域的分布情况来衡量其技术多元化程度，技术领域的确认根据企业发明专利 IPC 代码（国际专利分类号）主分类号的前四位（即 IPC 小类）进行划分。

根据第二章第一节对赫芬达尔指数的介绍，参考 Chiu 等（2008）的研究，本书采用赫芬达尔指数（HHI）的倒数来计算企业技术多元化，假设某年某企业在 n 个技术领域共拥有 X 项授权发明专利，其中在第 i 个技术领域拥有 X_i 个授权发明专利，则该年该企业技术多元化程度的计算方法为：

$$TDH = \frac{1}{\sum_{i=1}^{n}\left(\frac{X_i}{X}\right)^2}$$

当企业的已授权发明专利只涉及 1 个技术领域，即不存在技术多元化，则 TDH=1；理想情况下，当企业的已授权发明专利在 n 个技术领域均匀分布，则 TDH=n。因此，TDH 的数值在 1~n 之间变动，TDH 值越大，说明企业的已授权发明专利涉及的技术领域越多、在各技术领域分布得越均匀，即企业的技术多元化程度越高。

此外，将企业已授权发明专利涉及的技术领域数（TDF = n）作为稳健性检验时技术多元化程度的替代测量方法。企业多元化战略研究的鼻祖 Ansoff（1957）提出了用公司业务涉及的行业数来衡量其多元化程度的方法，本书借鉴 Ansoff（1957）的方法，认为企业的已授权发明专利涉及的技术领域数越多，即 TDF 值越大，说明企业的技术多元化程度越高。

二、自变量：管理者过度自信（OC）

基于第二章第二节对管理者过度自信衡量方法的回顾和辨析，本书认为管理者业绩预告偏差法和经过校准的管理者持股变化法是最能够揭示管理者过度自信概念内涵的两种测量方法，因此同时选择这两种方法衡量管理者过度自信。

利用管理者业绩预告偏差（OCPF）衡量管理者过度自信的具体方法为：通过对比上市公司每次对净利润的业绩预告值与净利润的实际值来判断，年内只要有 1 次及以上的净利润预告值高于净利润实际值，则认为该年该公司的管理者是过度自信的（OCPF = 1）。具体判断标准为：①有多次净利润预告的报告期，选择报告期结束之前的最后一次预告；②对大部分同时公布定量预告和定性预告的报告期，选择定量预告进行判断：如果净利润实际值低于预告值的下限，或净利润的实际增长率低于预告增长率的下限（含下降比率低于预告下降比率的下限），则定义为过度自信预告；③对少数只公布定性预告的报告期，则对定性预告进行具体分析。定性预告通常包括不确定、续亏、转亏、扭亏、续盈、大降（预减）、略降（略减）、略增、大增（预增）9 种（括号中为 2010 年及之前的业绩预告使用的名称），定义如下情况为过度自信预告：非亏损性预告（扭亏、续盈、大降、略降、略增、大增）但实际净利润小于 0；增长性预告（略增、大增）但实际净利润增长率小于 0；预告大增但实际净利润增长率小于 50%；预告略降但实际净利润下降超过 50%；④对于只有"不确定"定性预告的报告期，根据沪市和深市证券交易所对上市公司应当进行业绩预告情形的相关规定，定义如下情况为过度自信预告：净利润为负值或净利润与上年同期相比下降 50% 以上，并且不符合业绩预告的豁免条件。

利用经过校准的管理者持股变化情况（OCMS）来衡量管理者过度自信的具体方法为：如果某年某公司的高层管理团队增持或继续持有该公司股票（排除红股和业绩股），但该年该公司股票的每股收益低于上一年，则认为该年该公司的高层管理团队体现出过度自信的行为特征（OCMS = 1）。本书将经过校准的管理者持股变化法（OCMS）用于稳健性检验。

三、中介变量

技术创新投入（RDI）。现有研究在衡量企业的技术创新投入时，通常将其等同于企业的研究开发投入（王山慧等，2013），并且常使用研发投入的相对指标（即研发投入强度）以利于不同规模的企业之间进行比较，因此本书选取研发费用与营业收入的比值（RDIR）作为技术创新投入的代理变量（Greve，2003），同时将研发费用与资产总额的比值（RDIA）作为稳健性检验的替代测量方法（David 和 Gimeno，2001）。

四、调节变量

（1）董事会结构。董事长和总经理两职分离（UDU）为虚拟变量，若两职分离则 UDU=1，否则取 0。独立董事比例（IDR）为连续变量，用独立董事人数占董事会总人数的比值来衡量。

（2）环境动态性（EDY）。现有研究通常采用客观计量方法衡量环境动态性，Tosi 等（1973）提出的变异系数法（变量标准差/平均值）得到了学者们的广泛认同、应用和改进。本书认为，无论市场环境动态性还是技术环境动态性，能够对企业经营绩效产生实质影响的环境动态性才是值得探讨的，并且最终会体现在企业营业收入的变化上。考虑到环境动态性是较为宏观的情境变量，选择行业层面总营业收入变化情况的变异系数来进行衡量。具体而言，首先借鉴 Bourgeois（1985）的研究，将第 t 年 j 行业的环境动态性（EDY1）定义为：

$$EDY1_{j,t} = \frac{Std(RIR_{j,T=5})}{Mean(RIR_{j,T=5})}$$

$$RIR_{j,t} = \frac{(Sales_{j,t} - Sales_{j,t-1})}{Sales_{j,t-1}}$$

其中，$RIR_{j,t}$ 表示第 t 年 j 行业营业收入的增长率，环境动态性的计算周期 T=5 年，也就是说，j 行业第 t 年的环境动态性 $EDY1_{j,t}$ 为 t-4 年~t 年这 5 年内营业收入增长率的变异系数（标准差/均值）。

其次，借鉴 Dess 和 Beard（1984）的研究，将第 t 年 j 行业的环境动态性（EDY2）定义为：

$$EDY2_{j,t} = \frac{Std(\hat{\beta}_{j,t})}{Mean(Sales_{j,T=5})}$$

$$Sales_{j,t} = \alpha_{j,t} + \beta_{j,t} Year + \varepsilon_{j,t}$$

具体做法为，将 t-4 年~t 年 j 行业的营业收入对年份回归（设置年份虚拟变量为：t-4 年 = 1，t-3 年 = 2，…，t = 5），得到相对于年份虚拟变量的回归系数 $\hat{\beta}_{j,t}$，则 j 行业第 t 年的环境动态性 EDY2$_{j,t}$ 为回归系数 $\hat{\beta}_{j,t}$ 的标准差与 t-4 年~t 年这 5 年内 j 行业营业收入均值的比值。

EDY1 和 EDY2 的值越大，均说明该行业的环境动态性越高，EDY2 将作为稳健性检验的替代测量方法。环境动态性的计算周期均选择 5 年滚动计算，如用 2003~2007 年的数据计算 2007 年的环境动态性，用 2009~2013 年的数据计算 2013 年的环境动态性，这是因为进入 21 世纪以来，国内外的经济、技术、政策等环境一直发生着快速且重大的变化，因此滚动计算周期不宜选择过长。

五、控制变量

本书主要从如下三个方面设定控制变量：①股权特征：最终控制人性质（CON）、股权集中度（FIR）、股权制衡度（RSH）；②董事会特征：董事会规模（BDS）、董事会会议次数（BDMT）；③经营特征：公司规模（SIZE）、资产负债率（LEV）、盈利能力（ROA）、成长性（GRH）、行业（IND）。

主要变量的名称、代码及测量方法如表 4-2 所示。

表 4-2　变量名称、代码及测量方法

类别	名称	代码	测量方法
因变量	技术多元化	TD	$TDH = \dfrac{1}{\sum_{i=1}^{n}\left(\dfrac{X_i}{X}\right)^2}$；TDF = n
自变量	管理者过度自信	OC	管理者过度自信取值 1，否则为 0。测量方法见正文
中介变量	技术创新投入	RDI	RDIR=研发费用/营业收入；RDIA=研发费用/资产总额
调节变量	两职分离	UDU	0=两职合一；1=董事长与总经理两职分离
调节变量	独立董事比例	IDR	独立董事人数/董事会成员总数
调节变量	环境动态性	EDY	EDY1=过去 5 年行业营业收入增长率变异系数 EDY2=过去 5 年行业营业收入回归系数标准差/行业营业收入 5 年均值
控制变量	最终控制人性质	CON	0=国有；1=非国有
控制变量	股权集中度	FIR	第一大股东持股比例
控制变量	股权制衡度	RSH	第二至第十大股东持股比例之和/第一大股东持股比例
控制变量	董事会规模	BDS	董事会中成员总数
控制变量	董事会会议次数	BDMT	董事会每年召开的会议次数

续表

类别	名称	代码	测量方法
控制变量	公司规模	SIZE	公司资产总额的自然对数
	资产负债率	LEV	负债总额/资产总额
	盈利能力	ROA	资产收益率=净利润/资产总额
	成长性	GRH	营业收入增长率
	行业	IND	行业虚拟变量

第三节 模型设计

在回归模型选择方面，需要根据因变量企业技术多元化的数据特征来确定，用赫芬达尔指数测量的企业技术多元化（TDH）数据为在数值1处左归并的归并数据（Censored Data），用已授权发明专利涉及的技术领域数测量的企业技术多元化（TDF）数据为离散的非负整数，因此实证研究的数据为非线性面板数据。根据陈强（2014）的讲解，TDH归并数据应采用面板Tobit回归模型，TDF非负整数离散数据应采用面板泊松回归模型。

在分析管理者过度自信对企业技术创新投入的影响作用时，实证研究数据为线性面板数据，为了确定合适的回归模型，首先对线性面板数据的特征进行了一系列检验：White检验结果显示样本数据存在组间异方差；Wooldridge检验结果显示存在组内自相关；F检验和Hausman检验结果显示应选择固定效应模型。在此情况下，Driscoll和Kraay（1998）提出了在N→∞的情况下渐近有效的非参数协方差矩阵估计方法，能够获得控制异方差和自相关的一致标准误，并且适用于固定效应回归模型。因此，选择Driscoll-Kraay标准误的固定效应线性回归模型分析管理者过度自信对企业技术创新投入的影响。

本书探讨管理者过度自信对企业技术多元化的影响，主要包括技术创新投入在其中发挥的中介作用，以及董事长和总经理两职合一、独立董事比例、环境动态性发挥的调节作用。温忠麟和叶宝娟（2014）对中介效应检验方法进行了全面的总结，并提出了中介效应检验方法选择的判断流程。本书首先探讨管理者过度自信对企业技术多元化的影响，然后进一步挖掘技术创新投入在其中的中介效应，是在主效应基础上探讨中介效应，根据该判断流程可知，最适合本书的中介效应检验方法仍是最经典的由Baron和Kenny（1986）提出的依次检验回归系数的方法，因此采用此方法来分析技术创新投入的中介效应。

本书采用多元层次回归分析方法来检验提出的7个研究假设。由于技术创新活动从资源投入到形成专利申请需要一定的研究开发时间，因此用t+1期的因变量企业技术多元化参与t期的回归分析。实证研究检验主效应、中介效应和调节效应的模型和步骤如下：

1. 主效应和中介效应检验

$$\text{Tobit/Poisson}(TD_{i,t+1}) = a_0 + a\sum \text{Controls}_{i,t} + \varepsilon_{i,t} \quad (4-1)$$

$$\text{Tobit/Poisson}(TD_{i,t+1}) = b_0 + b_1 OC_{i,t} + b\sum \text{Controls}_{i,t} + \varepsilon_{i,t} \quad (4-2)$$

$$RDI_{i,t} = c_0 + c_1 OC_{i,t} + c\sum \text{Controls}_{i,t} + \varepsilon_{i,t} \quad (4-3)$$

$$\text{Tobit/Poisson}(TD_{i,t+1}) = d_0 + d_1 RDI_{i,t} + d\sum \text{Controls}_{i,t} + \varepsilon_{i,t} \quad (4-4)$$

$$\text{Tobit/Poisson}(TD_{i,t+1}) = e_0 + e_1 OC_{i,t} + e_2 RDI_{i,t} + e\sum \text{Controls}_{i,t} + \varepsilon_{i,t} \quad (4-5)$$

2. 调节效应检验

$$\text{Tobit/Poisson}(TD_{i,t+1}) = f_0 + f_1 OC_{i,t} + f_2 UDU_{i,t} + f_3 OC_{i,t} \times UDU_{i,t} + f\sum \text{Controls}_{i,t} + \varepsilon_{i,t} \quad (4-6)$$

$$\text{Tobit/Poisson}(TD_{i,t+1}) = g_0 + g_1 OC_{i,t} + g_2 IDR_{i,t} + g_3 OC_{i,t} \times IDR_{i,t} + g\sum \text{Controls}_{i,t} + \varepsilon_{i,t} \quad (4-7)$$

$$\text{Tobit/Poisson}(TD_{i,t+1}) = h_0 + h_1 OC_{i,t} + h_2 EDY_{i,t} + h_3 OC_{i,t} \times EDY_{i,t} + h\sum \text{Controls}_{i,t} + \varepsilon_{i,t} \quad (4-8)$$

其中，$\sum \text{Controls}_{i,t}$ 表示各控制变量的集合。

式（4-1）为只包括因变量和控制变量的基准模型。

式（4-2）检验假设 H1，如果 OC 的系数 b_1 显著为正，说明管理者过度自信对企业的技术多元化水平存在正向影响。

式（4-3）检验假设 H2，如果系数 c_1 显著为正，说明管理者过度自信有助于提高企业技术创新投入。

式（4-4）检验假设 H3，如果系数 d_1 显著为正，说明技术创新投入有助于提高企业的技术多元化水平。

式（4-5）检验假设 H4，如果系数 e_2 显著为正且 e_1 也显著为正，但 e_1 显著性水平低于 b_1 或 e_1 系数小于 b_1，说明技术创新投入在管理者过度自信对企业技术多元化的影响作用中发挥部分中介作用；如果系数 e_2 显著为正且 e_1 不显著，则表明技术创新投入发挥完全中介作用。

式（4-6）检验假设 H5，如果二元交乘项的系数 f_3 显著为负，说明在两职分离的情境下，管理者过度自信对技术多元化的正向影响被减弱。

式（4-7）检验假设 H6，如果二元交乘项的系数 g_3 显著为负，说明独立董事比例越高，管理者过度自信对技术多元化的正向影响越弱。

式（4-8）检验假设 H7，如果二元交乘项的系数 h_3 显著为正，说明环境动态性越高,管理者过度自信对技术多元化的正向影响越强。

第四节 本章小结

第四章对本书的实证研究进行了设计,包括研究样本的选择、研究期间的确定、数据来源选择、变量测量方法选择、计量模型选择等内容。实证研究设计是开展实证分析的基础,只有基于科学有效的原则选择合适的样本、期间、数据、测量方法和计量模型,才能获得有价值的实证研究结果,因此本章内容具有重要意义。

在第一节,首先,通过综合考虑新《企业会计准则》、新《公司法》的实施时间,以及企业发明专利申请的审查周期,将研究期间确定为2007~2013年。其次,基于《专利密集型产业目录(2016)》和《上市公司行业分类指引(2012年修订)》确定样本研究行业,并初步筛选出样本Ⅰ以重点探讨企业技术多元化数据有效观测点的确认原则,以及考察样本Ⅰ中企业技术多元化数据有效观测点在各年各行业的分布情况(见表4-1)。最后,进一步筛选出样本Ⅱ作为实证分析的研究样本,同时介绍样本数据的来源和处理方法。

第二节介绍各变量的测量方法,重点在于使用已授权发明专利数据测量企业技术多元化水平,以及在第二章第二节对管理者过度自信衡量方法回顾和辨析的基础上,选择最符合管理者过度自信内涵本质的两种衡量方法,即管理者业绩预告偏差法和经过校准的管理者持股变化法,并介绍测量的具体操作方法。其他变量的测量方法借鉴已有相关文献。

第三节确定实证分析的计量模型和检验步骤,首先,根据因变量企业技术多元化的数据特征,选择面板Tobit回归模型检验采用赫芬达尔指数测量得出的归并数据(TDH),选择面板泊松回归模型检验采用企业已授权发明专利涉及的技术领域数目测量得出的非负整数离散数据(TDF);其次,关于管理者过度自信对企业技术创新投入影响的模型选择,通过一系列对线性面板数据特征的检验,确定为Driscoll-Kraay标准误的固定效应线性回归模型;最后,本书在主效应基础上探讨中介效应,根据温忠麟和叶宝娟(2014)提出的中介效应检验方法选择的判断流程,选择采用经典的依次检验回顾系数的方法检验中介效应。进一步地,提出了检验本书7个研究假设的8个多元层次回归模型。同时考虑到从技术创新投入到专利成果产出之间所需经历的研发周期,将滞后一期的企业技术多元化作为回归分析的因变量。

第五章 实证研究分析

第一节 变量的描述性统计

变量描述性统计结果如表 5-1 所示，用于实证分析的样本Ⅱ有效观测值为 717 个。用赫芬达尔指数测量的企业技术多元化（TDH）数据最小值为 1，代表已授权发明专利均属于同一个 IPC 小类技术领域即不存在技术多元化，中位数为 3.3333，最大值为 33.2036，均值为 4.3418，标准差为 3.9351，说明样本企业的技术多元化水平普遍不高，且程度参差不齐，具有一定差异。用企业已授权发明专利涉及的技术领域数测量的技术多元化（TDF）数据显示，样本企业的已授权发明专利平均涉及 9.7141 个技术领域，最多涉及 104 个领域，中位数为 6 个领域，标准差高达 13.0961，说明用该方法衡量的样本企业技术多元化水平差距更为突出。用管理者业绩预告偏差法衡量的管理者过度自信（OCPF）观测值中，180 个为过度自信，537 个为非过度自信；用经过校准的管理者持股变化法衡量的管理者过度自信（OCMS）观测值中，125 个为过度自信，592 个为非过度自信。

研发费用占营业收入的比例（RDIR）体现了企业的技术创新投入水平。样本企业均为来自专利密集型产业的上市公司，与其他制造业行业相比，专利密集型产业企业的经营发展更为依赖技术创新和专利知识，并且上市公司通常是各行业综合实力较强的企业，然而由表中数据可知样本企业的技术创新投入水平普遍偏低，还有很大的提升空间：最小值微乎其微（3.06e-06），中位数为 0.0158，最大值为 0.2366，平均研发投入强度仅为 0.0230，标准差为 0.0248，说明样本企业的技术创新投入水平差距不大，普遍较低。研发费用占资产总额的比例（RDIA）均值为 0.0154，标准差为 0.0151，也反映出同样的现象。

董事会结构中，董事长与总经理两职设置（UDU）方面，在 717 个观测值中，592 个为两职分离，125 个为两职合一。在独立董事比例（IDR）方面，2001 年中国证监会发布了《关于在上市公司建立独立董事制度的指导意见》，要求上市公司董事会成员中，独立董事比例不得低于三分之一。样本企业独立董事比例均值为 0.3633，平均水平达到了证监会要求的比例，最大值为 0.5714，标准差为 0.0518，但最小值仅为 0.1429，并且仍有 8 个观测值独立董事比例低于三分之一。我国上市公司独立董事制度已经执行了近二十年，却仍存在不符合证监会要求的情况，这表明很有可能上市公司建立独立董事制度的动机主要是满足监管部门的要求，而非主观上认可独立董事制度的必要性，同时也反映出在我国上市公司经营中，独立董事发挥的作用仍然有限，因而未获得上市公司的足够重视。环境动态性 EDY1 的均值为 0.6255，最小值为 0.2357，最大值为 1.0897，标准差为 0.2641，具有一定差异。EDY2 的均值为 0.0334，最小值为 0.0023，最大值为 0.1260，标准差为 0.0184。

股权特征方面，717 个观测值中，最终控制人性质（CON）为国有的 521 个，非国有的 196 个。样本上市公司中，反映股权集中度的第一大股东持股比例（FIR）均值为 0.3409，最小值为 0.0745，最大值为 0.7894，标准差为 0.1290。反映股权制衡度的第二至第十大股东持股比例与第一个股东持股比例的比值（RSH）均值为 0.6890，最小值为 0.0215，最大值为 4.0692，标准差为 0.6621，说明具有一定差异。

董事会特征方面，董事会规模（BDS）均值为 9.0725，最小规模为 5 人，最大规模为 15 人，满足《公司法》规定的股份有限公司董事会成员 5~19 人的规模要求，标准差为 1.3904。董事会会议次数（BDMT）平均每年 8.8577 次，最小值为 3 次/年，最大值为 38 次/年，满足《公司法》规定的董事会每年度至少召开 2 次会议的要求，标准差为 3.6244，说明差异较大。

经营特征方面，反映企业规模（SIZE）的样本企业资产总额的自然对数均值为 21.8808，最小值为 19.6951，最大值为 26.1563，标准差为 1.0132，具有一定差异；资产负债率（LEV）均值为 0.4544，最小值为 0.0298，最大值为 0.8834，标准差为 0.1821。反映企业盈利能力的总资产净利润率（ROA）均值为 0.0528，最小值为 -0.2137，说明存在亏损，最大值为 0.3897，标准差为 0.0586，说明样本企业的盈利能力相差不大。反映成长性即发展能力的营业收入增长率（GRH）均值为 0.2075，最小值为 -0.5804，最大值为 7.6707，标准差为 0.4995，说明样本企业的发展能力具有一定的差异。

表 5-1 变量的描述性统计结果

变量	均值	标准差	最小值	P25	中位数	P75	最大值	观测值
TDH	4.3418	3.9351	1.0000	1.9033	3.3333	5.0000	33.2036	717
TDF	9.7141	13.0961	1.0000	3.0000	6.0000	10.0000	104.0000	717
OCPF	0.2510	0.4339	0.0000	0.0000	0.0000	1.0000	1.0000	717
OCMS	0.1743	0.3797	0.0000	0.0000	0.0000	0.0000	1.0000	717
RDIR	0.0230	0.0248	3.06e-06	0.0060	0.0158	0.0326	0.2366	717
RDIA	0.0154	0.0151	2.05e-06	0.0042	0.0102	0.0223	0.0849	717
UDU	0.8257	0.3797	0.0000	1.0000	1.0000	1.0000	1.0000	717

续表

变量	均值	标准差	最小值	P25	中位数	P75	最大值	观测值
IDR	0.3633	0.0518	0.1429	0.3333	0.3333	0.3750	0.5714	717
EDY1	0.6255	0.2641	0.2357	0.3711	0.5660	0.8948	1.0897	717
EDY2	0.0334	0.0184	0.0023	0.0212	0.0331	0.0436	0.1260	717
CON	0.2734	0.4460	0.0000	0.0000	0.0000	1.0000	1.0000	717
FIR	0.3409	0.1290	0.0745	0.2362	0.3330	0.4223	0.7894	717
RSH	0.6890	0.6621	0.0215	0.1841	0.4824	0.9780	4.0692	717
BDS	9.0725	1.3904	5.0000	9.0000	9.0000	9.0000	15.0000	717
BDMT	8.8577	3.6244	3.0000	7.0000	8.0000	10.0000	38.0000	717
SIZE（Ln）	21.8808	1.0132	19.6951	21.1791	21.7567	22.4261	26.1563	717
LEV	0.4544	0.1821	0.0298	0.3293	0.4548	0.5983	0.8834	717
ROA	0.0528	0.0586	-0.2137	0.0187	0.0404	0.0728	0.3897	717
GRH	0.2075	0.4995	-0.5804	0.0216	0.1512	0.2846	7.6707	717

第二节 变量的相关性分析

表5-2呈现了主要变量之间的相关系数和显著性水平。管理者过度自信（OCPF）与企业技术多元化程度（TDH）显著正相关（$r=0.0500$，$p<0.05$），与技术创新投入（RDIR）显著正相关（$r=0.0572$，$p<0.05$）；企业技术创新投入（RDIR）与技术多元化水平（TDH）显著正相关（$r=0.0488$，$p<0.01$）。自变量（OCPF）、因变量（TDH）与中介变量（RDIR）之间的显著正相关关系为进一步回归分析检验管理者过度自信对企业技术多元化水平的正向影响，以及技术创新投入在其中发挥的中介作用提供了重要的支持。

董事长和总经理两职分离（UDU）与自变量管理者过度自信（OCPF）、因变量企业技术多元化程度（TDH）的相关关系均不显著。独立董事比例（IDR）与管理者过度自信（OCPF）的相关关系不显著，与企业技术多元化程度（TDH）显著正相关（$r=0.0828$，$p<0.01$）。环境动态性（EDY1）与自变量管理者过度自信（OCPF）显著正相关（$r=0.1142$，$p<0.01$），与因变量企业技术多元化（TDH）显著正相关（$r=0.1220$，$p<0.01$）。温忠麟等（2005）指出，调节变量与自变量、因变量的相关关系可以显著或不显著，并且不显著的调节变量是更为理想的情境因素。由此可知，调节变量与自变量、因变量的相关关系并不影响后续通过多元层次回归分析检验其调节效应。其他变量之间的相关系数和显著性水平如表5-2所示。

表 5-2 主要变量的相关系数

变量	VIF	TDH	OCPF	RDIR	UDU	IDR	EDY1	CON
TDH	—	1						
OCPF	1.07	0.0500**	1					
RDIR	1.13	0.0488***	0.0572**	1				
UDU	1.10	0.0011	0.0033	-0.1101***	1			
IDR	1.10	0.0828***	-0.0143	-0.0748***	0.0017	1		
EDY1	1.10	0.1220***	0.1142***	0.1086***	0.0215	-0.0197	1	
CON	1.20	-0.0723**	-0.0603**	0.1487***	-0.1472***	0.0044	-0.0748***	1
FIR	2.17	0.2178***	-0.0299	-0.0916***	0.1248***	-0.0351	0.0032	-0.2400***
RSH	2.31	-0.1375***	-0.0152	0.1367***	-0.1227***	-0.0516**	-0.1225***	0.3270***
BDS	1.16	0.0939***	0.0180	-0.0485	0.1621***	-0.2095***	0.0018	-0.1252***
BDMT	1.06	0.0541	0.0592	0.0069	0.0347	0.0420	0.0213	0.0777**
SIZE	1.27	0.3847***	-0.0505**	0.0276	0.0273	0.0726***	0.0778***	-0.0694***
LEV	1.43	0.1751***	0.1109***	-0.1931***	0.0235	0.0893***	0.0854***	-0.1367***
ROA	1.53	-0.0110	-0.2801***	0.1628***	-0.0198	-0.0815***	-0.1748***	0.2350***
GRH	1.09	0.0391	-0.0544**	-0.0617**	0.0031	-0.0475**	-0.0631**	0.0374

变量	FIR	RSH	BDS	BDMT	SIZE	LEV	ROA	GRH
FIR	1							
RSH	-0.6790***	1						
BDS	0.0450*	0.0183	1					
BDMT	-0.0292	0.0177	-0.0079	1				
SIZE	0.1881***	-0.0605**	0.1313***	0.1388***	1			
LEV	0.0875***	-0.1624***	0.1202***	0.1615***	0.2271***	1		
ROA	0.0054	0.2345***	-0.0344	-0.0090	0.0191	-0.4134***	1	
GRH	0.1199***	0.0010	0.0473**	0.0023	0.0936***	0.0923***	0.1753***	1

注：***、**、*分别表示在1%、5%、10%统计水平下显著。

此外，对各主要变量的方差膨胀因子进行了估计以检验多元回归模型的多重共线性问题，由表5-2可知，各回归变量的VIF值最大为2.31，平均VIF值为1.34，均远低于临界值10，说明本书实证研究的多元回归模型不存在多重共线性问题。

第三节 多元层次回归分析

多元层次回归分析共8个模型，均基于包括189家上市公司717个有效观测值的样本Ⅱ开展分析。回归分析结果如表5-3所示，模型均在1%统计水平下显著，说明8个模型都有很强的解释力。

模型1作为基准模型，只放入控制变量，Wald chi2值为165.01（$p<0.01$）。

模型2在基准模型的基础上纳入自变量OCPF（管理者过度自信）以检验假设H1，模型的Wald chi2值增加到170.08（$p<0.01$）。回归结果显示，OCPF（管理者过度自信）对TDH（技术多元化）的影响系数为0.6011，在5%的统计水平下显著，说明雇佣过度自信管理者的企业有着更高的技术多元化水平，管理者过度自信能够有效促进企业的技术多元化，研究假设H1获得支持。

模型3检验管理者过度自信（OCPF）对企业技术创新投入（RDIR）的影响，模型的F值为252.75（$p<0.01$）。OCPF（管理者过度自信）对RDIR（技术创新投入）的回归系数为0.0029，在1%的统计水平下显著，表明与非过度自信管理者相比，过度自信的管理者更倾向于在企业的研发活动上投入大量的资源，管理者过度自信对技术创新投入有显著的正向影响，研究假设H2获得支持。

模型4检验技术创新投入（RDIR）对企业技术多元化（TDH）的影响，模型的Wald chi2值为173.69（$p<0.01$）。RDIR（技术创新投入）对TDH（技术多元化）的回归系数为13.2710，在1%的统计水平下显著，表明企业在技术创新研发活动上的投入越多则其技术多元化程度就越高，充足的技术创新投入有助于扩大企业的技术领域，技术创新投入对企业技术多元化水平有显著的正向影响，研究假设H3获得支持。

根据Baron和Kenny（1986）提出的中介作用的依次检验回归系数方法，在模型1~模型3回归结果的基础上，模型5检验技术创新投入（RDIR）在管理者过度自信（OCPF）对企业技术多元化（TDH）影响作用中的中介效应。模型5在模型2基础上放入RDIR（技术创新投入），模型的Wald chi2值增加到177.87（$p<0.01$）。回归结果显示，RDIR（技术创新投入）对TDH（技术

表 5-3 多元层次回归分析结果

模型	模型 1（控制）	模型 2（H1）	模型 3（H2）	模型 4（H3）	模型 5（H4）	模型 6（H5）	模型 7（H6）	模型 8（H7）
因变量	TDH_{t+1}	TDH_{t+1}	RDIR	TDH_{t+1}	TDH_{t+1}	TDH_{t+1}	TDH_{t+1}	TDH_{t+1}
OCPF		0.6011**(1.96)	0.0029***(3.34)		0.5445*(1.77)	1.4754**(2.47)	0.4720*(1.84)	0.3920(1.63)
RDIR				13.2710***(2.58)	12.5761**(2.44)			
UDU						−0.4120(−0.95)		
OCPF×UDU						−1.0795*(−1.70)		
IDR							0.7812(0.26)	
OCPF×IDR							−8.6238*(−1.75)	
EDY1								0.3202(0.58)
OCPF×EDY1								1.7373**(1.97)
CON	−0.4889(−0.83)	−0.5145(−0.87)	−0.0099**(−2.32)	−0.5254(−0.89)	−0.5467(−0.93)	−0.5562(−0.94)	−0.5615(−0.95)	−0.4811(−0.82)
FIR	−1.8462(−0.84)	−1.7743(−0.81)	−0.0470***(−4.88)	−1.5511(−0.71)	−1.5007(−0.69)	−2.1135(−0.96)	−1.8971(−0.86)	−1.6004(−0.72)

续表

模型	模型1（控制）	模型2（H1）	模型3（H2）	模型4（H3）	模型5（H4）	模型6（H5）	模型7（H6）	模型8（H7）
RSH	-0.2250 (-0.59)	-0.1941 (-0.51)	-0.0069*** (-3.43)	-0.2030 (-0.53)	-0.1760 (-0.46)	-0.2785 (-0.73)	-0.2356 (-0.62)	-0.1741 (-0.45)
BDS	-0.0131 (-0.11)	0.0040 (0.03)	-0.0005 (-1.35)	-0.0053 (-0.04)	0.0098 (0.08)	0.0143 (0.12)	-0.0219 (-0.17)	-0.0019 (-0.02)
BDMT	0.0584 (1.61)	0.0560 (1.55)	0.0003** (2.13)	0.0562 (1.56)	0.0542 (1.50)	0.0582 (1.62)	0.0564 (1.56)	0.0572 (1.59)
SIZE	1.2984*** (10.02)	1.2919*** (10.00)	0.0020** (2.10)	1.2752*** (9.86)	1.2706*** (9.85)	1.3202*** (10.25)	1.3105*** (10.12)	1.2897*** (10.00)
LEV	2.8072** (2.36)	2.8581** (2.41)	0.0226** (2.24)	2.7906** (2.36)	2.8379** (2.41)	2.5614** (2.16)	2.8621** (2.41)	2.6516** (2.25)
ROA	3.4926 (1.37)	4.0116 (1.72)	0.0208 (1.42)	3.1823 (1.25)	3.6688 (1.44)	4.7561* (1.86)	3.9020 (1.53)	4.5674* (1.78)
GRH	-0.7085*** (-3.12)	-0.6828*** (-3.02)	-0.0032** (-2.24)	-0.6576*** (-2.90)	-0.6370*** (-2.82)	-0.7397*** (-3.22)	-0.6475*** (-2.85)	-0.6905*** (-3.06)
CONST	1.6556 (1.02)	1.3628 (0.84)	0.0365*** (6.62)	1.3396 (0.82)	1.0907 (0.67)	1.7217 (1.05)	1.3997 (0.66)	0.9449 (0.55)
IND	控制							
Wald chi2/F	165.01***	170.08***	252.75***	173.69***	177.87***	177.21***	172.52***	175.23***
N	717							

注：***、**、* 分别表示在1%、5%、10%统计水平下显著（双尾检验），模型3括号内为t值，其他为z值。

多元化）的影响系数为 12.5761，在 5% 统计水平下显著，同时 OCPF（管理者过度自信）对 TDH（技术多元化）的影响系数由 0.6011 降低为 0.5445，显著性水平由 5% 降低为 10%，说明 RDIR（技术创新投入）在 OCPF（管理者过度自信）对 TDH（技术多元化）的影响关系中发挥着部分中介作用，研究假设 H4 获得支持。技术创新投入之所以发挥部分中介作用，很可能因为过度自信的管理者不仅可以通过加大技术创新投入以独立研发或联盟研发的方式拓展技术领域，还可以通过直接购买新技术领域的专利来提高企业的技术多元化水平。

模型 6 和模型 7 在管理者过度自信对技术多元化正向影响作用得到支持（模型 2）的基础上检验董事会结构的抑制调节效应。模型 6 在模型 2 的基础上引入 UDU（董事长和总经理两职分离）和二次交乘项 OCPF×UDU 以检验两职分离的调节效应，模型的 Wald chi2 值增加到 177.21（p<0.01）。交乘项 OCPF×UDU 对 TDH（技术多元化）的回归系数为 -1.0795，在 10% 统计水平下显著，与模型 2 中自变量 OCPF（管理者过度自信）的系数符号相反，这说明与两职合一的企业相比，在董事长与总经理两职分离的上市公司中，管理者过度自信对技术多元化的促进作用被减弱，即两职分离抑制主效应的调节作用得到验证，研究假设 H5 获得支持。

模型 7 在模型 2 的基础上引入 IDR（独立董事比例）和二次交乘项 OCPF×IDR 以检验独立董事比例的调节作用，模型的 Wald chi2 值增加到 172.52（p<0.01）。为了克服变量量纲的差异，在计算交乘项时对连续变量 IDR（独立董事比例）进行了中心化处理。如表 5-3 所示，交乘项 OCPF×IDR 对因变量 TDH（技术多元化）的回归系数为 -8.6238，在 10% 统计水平下显著，与模型 2 中自变量 OCPF（管理者过度自信）的系数符号相反，这说明上市公司董事会中独立董事的成员比例越高，管理者过度自信对技术多元化的正向影响越弱，即独立董事比例抑制主效应的调节作用获得验证，研究假设 H6 得到支持。

模型 8 在模型 2 的基础上引入 EDY1（环境动态性）和二次交乘项 OCPF×EDY1 以检验环境动态性的调节作用，模型的 Wald chi2 值增加到 175.23（p<0.01）。为了克服变量量纲的差异，在计算交乘项时同样对连续变量 EDY1（环境动态性）进行了中心化处理。如表 5-3 所示，交乘项 OCPF×EDY1 对因变量 TDH（技术多元化）的回归系数为 1.7373，在 5% 统计水平下显著，与模型 2 中自变量 OCPF（管理者过度自信）的系数符号相同，这说明企业经营所处的环境动态性越高，管理者过度自信对技术多元化的正向影响就越强，即环境动态性增强主效应的调节作用获得验证，研究假设 H7 得到支持。

根据检验调节效应的模型6、模型7、模型8回归分析所得的常数项、自变量系数、调节变量系数和二次交乘项系数,可以画出董事长和总经理两职分离、独立董事比例、环境动态性的调节效应示意图,有助于直观呈现调节变量对主效应的影响方向和影响强度。

图5-1展示了董事长和总经理两职分离抑制主效应的调节作用。图中代表两职合一的虚线、代表两职分离的实线线条斜率均为正,说明无论在两职合一还是两职分离的情况下,管理者过度自信对企业技术多元化均有正向影响。但实线(两职分离)的斜率0.3959小于虚线(两职合一)的斜率1.4754,实线(两职分离)比虚线(两职合一)更为平缓,这表明与两职合一相比,在两职分离的情况下,管理者过度自信对企业技术多元化的正向影响变小,两职分离发挥了减弱主效应的调节作用。

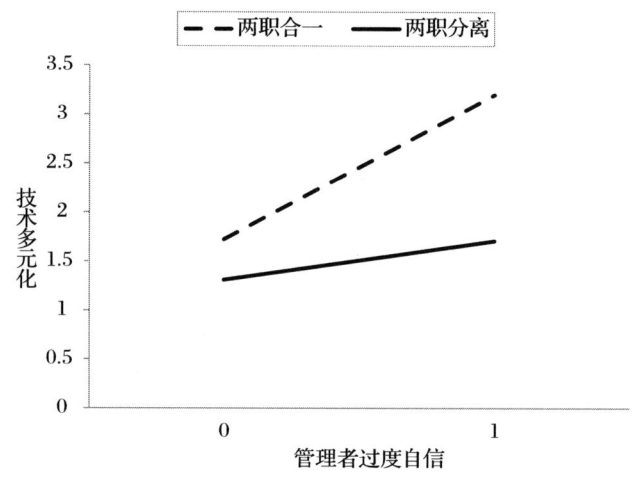

图5-1 两职分离的抑制调节效应

图5-2展示了独立董事比例抑制主效应的调节作用。图中代表低独立董事比例的虚线、代表高独立董事比例的实线线条斜率均为正,说明无论在低独立董事比例还是高独立董事比例的情况下,管理者过度自信对企业技术多元化均有正向影响。但实线(低独立董事比例)的斜率0.0236小于虚线(高独立董事比例)的斜率0.9204,实线比虚线更为平缓、几乎平行于X轴,这表明随着独立董事比例的提高,管理者过度自信对企业技术多元化的正向影响大幅度降低,独立董事比例显著地发挥了减弱主效应的调节作用。

综合图5-1和图5-2可知,董事会结构能够有效发挥抑制管理者过度自信对企业技术多元化正向影响的治理效应。

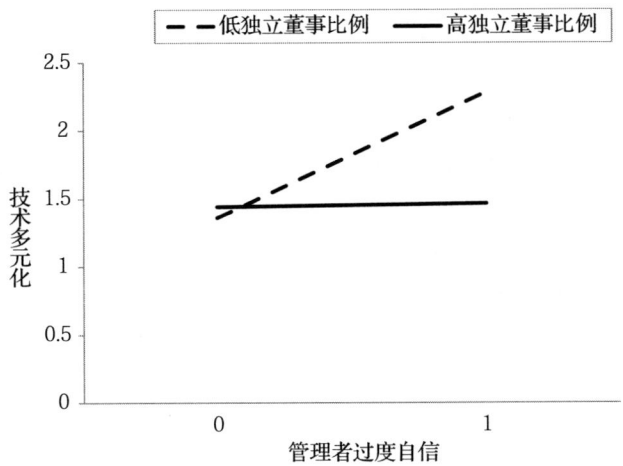

图 5-2　独立董事比例的抑制调节效应

图 5-3 展示了环境动态性增强主效应的调节作用。在低动态环境下，管理者过度自信对企业技术多元化影响作用的虚线近乎水平，根据作图数据，虚线的斜率为 -0.0667，说明在低动态环境下，管理者过度自信对企业技术多元化可能有非常微弱的负向影响。但是在高动态环境下，实线斜率显著为正（0.8506），且较为陡峭，说明随着环境动态性提高，管理者过度自信对企业技术多元化的影响作用由非常微弱的负向影响，变为较强的正向影响。

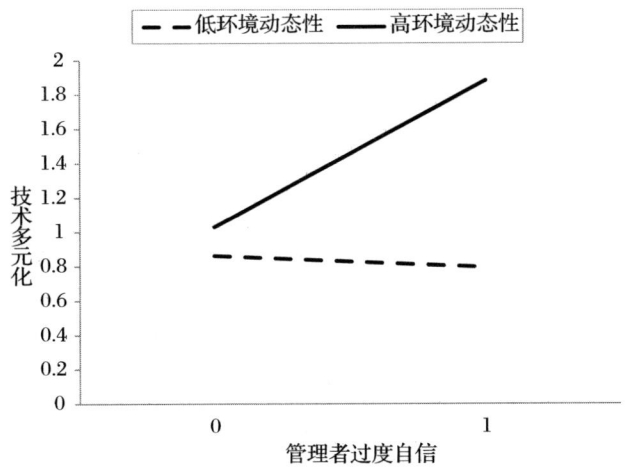

图 5-3　环境动态性的增强调节效应

第四节 稳健性检验

为了确保实证模型分析结果稳健可靠,主要从三方面开展了稳健性检验:①变量测量方法更换。因为变量的不同测量方法可能会导致回归结果不同,只有在各变量采用不同测量方法及组合的情形下回归结果都一致,才能说明结果是可靠的。②剔除 CEO 变更的观测值。因为 CEO 发生变更可能会影响高层管理团队持股情况以及董事长和总经理两职设置,使数据出现异常。③改变样本研究期间,因为根据表 4-1,2012 年和 2013 年样本企业技术多元化数据具有不同于往年的特征。三类稳健性检验结果均与主模型基本一致,以下进行具体分析。

一、变量测量方法更换

变量测量方法更换包括只更换自变量测量方法、只更换因变量测量方法,以及各变量测量方法同时更换。这样可以尽可能考虑各变量不同测量方法的组合。

1. 自变量测量方法更换

只将自变量管理者过度自信的衡量方法更换为经过校准的管理者持股变化情况(OCMS),多元层次回归分析的样本、计量模型、步骤和其他变量的测量方法均不变,回归结果如表 5-4 所示。

由表 5-4 可知,管理者过度自信对企业技术多元化的正向影响(H1)、管理者过度自信对企业技术创新投入的正向影响(H2)、企业技术创新投入对技术多元化的正向影响(H3)均获得支持。在模型 5 检验技术创新投入的中介作用时,RDIR(技术创新投入)对 TDH(技术多元化)的影响系数显著为正(12.7909,$p<0.05$),虽然模型 5 中自变量 OCMS 对因变量 TDH 的影响系数与模型 2 中的系数都在 10% 水平下显著,但系数由 0.4691 降低为 0.4345,对应的 z 值由 1.83 降为 1.69,对应的 P 值由 0.068 提高到 0.090,即实际显著性水平是降低的,因此可以认为技术创新投入的部分中介作用(H4)获得支持。两职分离、独立董事比例、环境动态性的调节效应也都获得了支持(H5~H7),并根据回归分析结果绘制了调节效应示意图。图 5-4 展示的两职分离对主效应的抑制调节作用与图 5-1 一致。图 5-5 展示出,随着独立董事比例提高,管理者过度自信(OCMS)对企业技术多元化的正向影响越来越小,甚至在高独立董事比例情境下,管理者过度自信(OCMS)对技术多元化有非常微弱的负向影响,实线斜率为 -0.0494,这与主模型略有不同,但同样表明独立董事比例

表 5-4 稳健性检验——自变量测量方法更换

模型	模型1 (控制)	模型2 (H1)	模型3 (H2)	模型4 (H3)	模型5 (H4)	模型6 (H5)	模型7 (H6)	模型8 (H7)
因变量	TDH_{t+1}	TDH_{t+1}	RDIR	TDH_{t+1}	TDH_{t+1}	TDH_{t+1}	TDH_{t+1}	TDH_{t+1}
OCMS		0.4691* (1.83)	0.0022*** (2.85)		0.4345* (1.69)	1.3947** (2.42)	0.5564* (1.91)	0.6448** (2.11)
RDIR				13.2710*** (2.58)	12.7909** (2.49)			
UDU						-0.4852 (-1.19)		
OCMS×UDU						-1.1313* (-1.79)		
IDR							0.2445 (0.08)	
OCMS×IDR							-11.6492** (-2.14)	
EDY1								0.3977 (0.70)
OCMS×EDY1								1.7875* (1.66)
CON	-0.4889 (-0.83)	-0.5632 (-0.95)	-0.0099** (-2.32)	-0.5254 (-0.89)	-0.5933 (-1.00)	-0.6334 (-1.07)	-0.5741 (-0.96)	-0.5870 (-0.99)
FIR	-1.8462 (-0.84)	-1.8262 (-0.83)	-0.0457*** (-4.73)	-1.5511 (-0.71)	-1.5440 (-0.71)	-2.0759 (-0.94)	-1.9775 (-0.90)	-1.6243 (-0.74)

续表

模型	模型1（控制）	模型2 (H1)	模型3 (H2)	模型4 (H3)	模型5 (H4)	模型6 (H5)	模型7 (H6)	模型8 (H7)
RSH	-0.2250 (-0.59)	-0.2353 (-0.62)	-0.0067*** (-3.28)	-0.2030 (-0.53)	-0.2132 (-0.56)	-0.3425 (-0.89)	-0.2387 (-0.62)	-0.1334 (-0.35)
BDS	-0.0131 (-0.11)	-0.0285 (-0.23)	-0.0006 (-1.54)	-0.0053 (-0.04)	-0.0199 (-0.16)	0.0080 (0.06)	-0.0378 (-0.30)	-0.0360 (-0.29)
BDMT	0.0584 (1.61)	0.0560 (1.55)	0.0003** (2.18)	0.0562 (1.56)	0.0541 (1.50)	0.0582 (1.62)	0.0587 (1.63)	0.0598 (1.66)
SIZE	1.2984*** (10.02)	1.3004*** (10.04)	0.0020** (2.08)	1.2752*** (9.86)	1.2780*** (9.89)	1.2996*** (10.07)	1.3140*** (10.14)	1.2939*** (10.02)
LEV	2.8072** (2.36)	2.7453** (2.32)	0.0222** (2.18)	2.7906** (2.36)	2.7332** (2.32)	2.6280** (2.22)	2.9925** (2.52)	2.7755** (2.35)
ROA	3.4926 (1.37)	4.0263 (1.58)	0.0197 (1.31)	3.1823 (1.25)	3.6881 (1.45)	4.1844* (1.65)	3.9220 (1.54)	3.6583 (1.44)
GRH	-0.7085*** (-3.12)	-0.6543*** (-2.88)	-0.0033** (-2.34)	-0.6576*** (-2.90)	-0.6091*** (-2.68)	-0.6356*** (-2.79)	-0.6575*** (-2.89)	-0.6813*** (-2.94)
CONST	1.6556 (1.02)	1.7861 (1.10)	0.0364*** (7.20)	1.3396 (0.82)	1.4728 (0.90)	2.0043 (1.22)	1.6422 (0.78)	0.7276 (0.41)
IND					控制			
Wald chi2/F	165.01***	169.08***	229.69***	173.69***	177.19***	176.05***	174.16***	176.23***
N					717			

注：***、**、*分别表示在1%、5%、10%统计水平下显著（双尾检验），模型3括号内为t值，其他为z值。

能够有效抑制主效应。图 5-6 中，无论低环境动态性还是高环境动态性情境下，管理者过度自信（OCMS）对企业技术多元化均有正向影响，这与主模型略有不同，但同样表明随着环境的动态程度提高，管理者过度自信对企业技术多元化的正向影响越来越强。

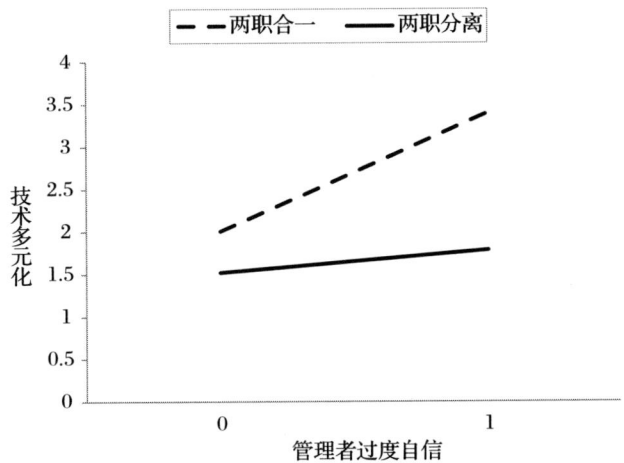

图 5-4　两职分离的抑制调节效应—稳健性检验
　　　（自变量测量方法更换）

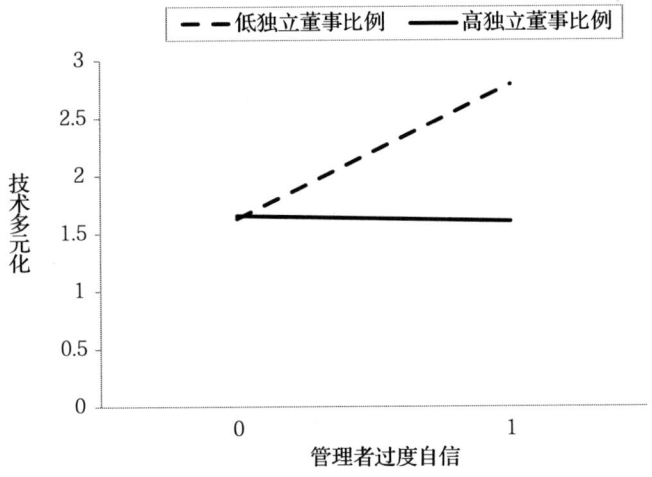

图 5-5　独立董事比例的抑制调节效应—稳健性检验
　　　（自变量测量方法更换）

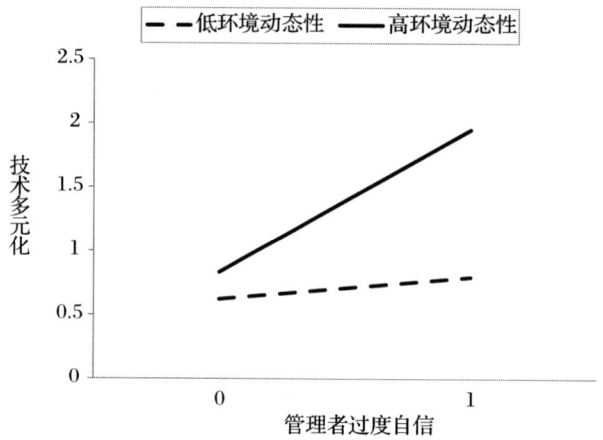

图 5-6　环境动态性的增强调节效应—稳健性检验
（自变量测量方法更换）

2. 因变量测量方法更换

只将企业技术多元化的测量方法变更为企业已授权发明专利涉及的技术领域数目（TDF），其他与主模型均相同，回归分析结果如表 5-5 所示。

由表 5-5 可知，本书所提出的 7 个研究假设均获得支持，图 5-7 至图 5-9 展示的调节效应与主模型一致，略有不同之处在于无论何种情境下，管理者过度自信（OCPF）对企业技术多元化（TDF）均存在正向影响。

3. 各变量测量方法同时更换

将各变量测量方法同时更换，包括：①管理者过度自信的衡量方法采用经过校准的管理者持股变化情况（OCMS）；②企业技术多元化的测量方法采用企业已授权发明专利涉及的技术领域数目（TDF）；③技术创新投入的测量方法采用研发费用与资产总额的比值（RDIA）；④环境动态性的测量方法采用 EDY2。多元层次回归分析的样本、计量模型、其他变量测量方法均与主模型一致。

各变量测量方法同时更换的稳健性检验结果如表 5-6 所示，可见本书提出的 7 个研究假设均获得支持，与主模型结果一致。图 5-10 至图 5-12 所展示的董事会结构（两职分离、独立董事比例）抑制主效应的调节作用、环境动态性增强主效应的调节作用也与主模型一致。

二、剔除 CEO 变更的观测值

考虑到 CEO 变更可能会影响高层管理团队的持股状况以及董事长与总经

表 5-5 稳健性检验——因变量测量方法更换

模型	模型1（控制）	模型2 (H1)	模型3 (H2)	模型4 (H3)	模型5 (H4)	模型6 (H5)	模型7 (H6)	模型8 (H7)
因变量	TDF_{t+1}	TDF_{t+1}	RDIR	TDF_{t+1}	TDF_{t+1}	TDF_{t+1}	TDF_{t+1}	TDF_{t+1}
OCPF		0.1429*** (2.63)	0.0029*** (3.34)		0.0871* (1.65)	0.2969*** (3.32)	0.1458*** (3.70)	0.1763*** (4.05)
RDIR				4.2603*** (5.67)	4.0231*** (5.24)			
UDU						-0.0811 (-1.08)		
OCPF×UDU						-0.1857* (-1.94)		
IDR							2.4036*** (4.32)	
OCPF×IDR							-1.4743** (-2.47)	
EDY1								0.3105*** (3.77)
OCPF×EDY1								0.5440*** (3.58)
CON	-0.1215 (-0.88)	-0.1273 (-0.92)	-0.0099** (-2.32)	-0.1413 (-1.04)	-0.1439 (-1.06)	-0.1337 (-0.97)	-0.1107 (-0.81)	-0.1325 (-0.97)
FIR	-1.3857*** (-3.02)	-1.3316*** (-2.91)	-0.0470*** (-4.88)	-1.1856*** (-2.61)	-1.1630*** (-2.57)	-1.4422*** (-3.13)	-1.1594*** (-2.55)	-1.0912** (-2.40)

续表

模型	模型1（控制）	模型2（H1）	模型3（H2）	模型4（H3）	模型5（H4）	模型6（H5）	模型7（H6）	模型8（H7）
RSH	-0.0515 (-0.84)	-0.0410 (-0.67)	-0.0069*** (-3.43)	-0.0276 (-0.45)	-0.0224 (-0.37)	-0.0660 (-1.05)	-0.0184 (-0.30)	-0.0106 (-0.17)
BDS	0.0009 (0.05)	0.0041 (0.20)	-0.0005 (-1.35)	-0.0011 (-0.06)	0.0008 (0.04)	0.0078 (0.39)	0.0197 (0.96)	0.0112 (0.55)
BDMT	0.0177*** (3.14)	0.0176*** (3.13)	0.0003** (2.13)	0.0163*** (2.90)	0.0163*** (2.90)	0.0181*** (3.20)	0.0191*** (3.40)	0.0158*** (2.82)
SIZE	0.1364*** (11.34)	0.1354*** (11.25)	0.0020** (2.10)	0.1300*** (10.87)	0.1298*** (10.84)	0.1370*** (11.36)	0.1433*** (11.88)	0.1324*** (11.08)
LEV	0.7227*** (3.39)	0.7179*** (3.36)	0.0226** (2.24)	0.7109*** (3.34)	0.7102*** (3.34)	0.6569*** (3.06)	0.6634*** (3.10)	0.6500*** (3.04)
ROA	0.1031 (0.23)	0.2132 (0.47)	0.0208 (1.42)	0.2187 (0.48)	0.2843 (0.62)	0.4288 (0.93)	0.2733 (0.59)	0.3908 (0.85)
GRH	-0.2016*** (-5.07)	-0.1944*** (-4.90)	-0.0032** (-2.24)	-0.1734*** (-4.42)	-0.1709*** (-4.36)	-0.2106*** (-5.36)	-0.1927*** (-4.86)	-0.1711*** (-4.35)
CONST	1.6857*** (5.34)	1.6148*** (5.11)	0.0365*** (6.62)	1.5840*** (5.04)	1.5463*** (4.91)	1.6810*** (5.22)	0.5265 (1.32)	1.3707*** (4.14)
IND	控制							
Wald chi2/F	271.08***	278.59***	252.75***	309.38***	311.78***	294.26***	303.51***	307.13***
N	717							

注：***、**、*分别表示在1%、5%、10%统计水平下显著（双尾检验），模型3括号内为t值，其他为z值。

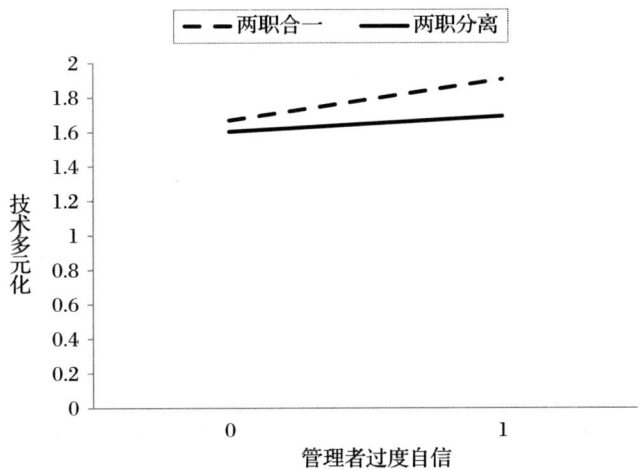

图 5-7　两职分离的抑制调节效应—稳健性检验
（因变量测量方法更换）

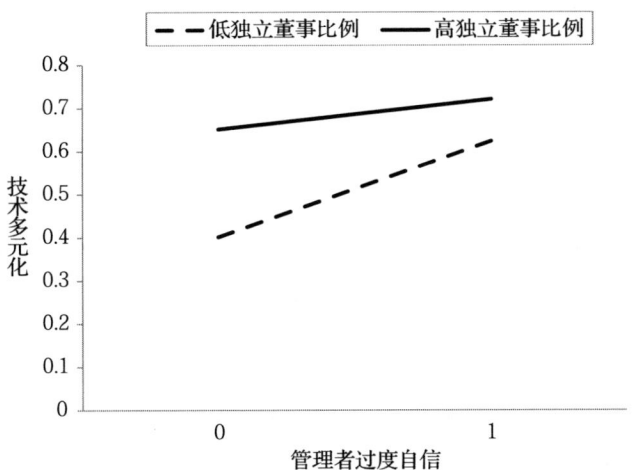

图 5-8　独立董事比例的抑制调节效应—稳健性检验
（因变量测量方法更换）

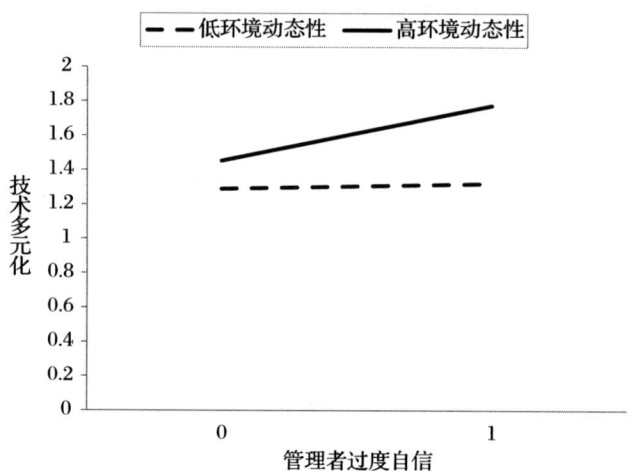

图 5-9　环境动态性的增强调节效应—稳健性检验
（因变量测量方法更换）

理的两职设置，故剔除 CEO 发生变更的观测值，从而获得包括 182 家样本上市公司共 615 个有效观测值的样本Ⅲ。同时为了尽可能将各变量的不同测量方法相组合以开展稳健性分析，对各变量测量方法的选择为：①管理者过度自信的衡量方法采用经过校准的管理者持股变化情况（OCMS）；②企业技术多元化的测量方法采用赫芬达尔指数（TDH）；③技术创新投入的测量方法采用研发费用与资产总额的比值（RDIA）；④环境动态性的测量方法采用 EDY2。回归分析的计量模型、其他变量测量方法均与主模型一致，分析结果如表 5-7 所示。

由表 5-7 可知，7 个研究假设均获得支持。特别地，在模型 5 检验技术创新投入的中介作用时，RDIA（技术创新投入）对 TDH（技术多元化）的影响系数显著为正（30.7464，$p<0.01$），虽然模型 5 中自变量 OCMS 对因变量 TDH 的影响系数与模型 2 中的系数都在 10% 水平下显著，但系数由 0.5194 降低为 0.4599，对应的 z 值由 1.88 降为 1.68，对应的 p 值由 0.060 提高到 0.093，即系数的实际显著性水平是降低的，因此可以认为技术创新投入的部分中介作用（H4）获得了支持。图 5-13 至图 5-15 展示了剔除 CEO 变更的观测值后稳健性分析所得出的两职分离和独立董事比例抑制主效应、环境动态性增强主效应的调节作用，与主模型一致，略有不同之处在于无论何种情境下，管理者过度自信对企业技术多元化均存在正向影响作用。

表 5-6 稳健性检验—各变量测量方法同时更换

模型	模型1（控制）	模型2（H1）	模型3（H2）	模型4（H3）	模型5（H4）	模型6（H5）	模型7（H6）	模型8（H7）
因变量	TDF_{t+1}	TDF_{t+1}	RDIA	TDF_{t+1}	TDF_{t+1}	TDF_{t+1}	TDF_{t+1}	TDF_{t+1}
OCMS		0.1037**(2.13)	0.0015***(3.60)		0.0930*(1.92)	0.2795***(3.55)	0.2117***(4.69)	0.1262***(2.87)
RDIA				9.1471***(7.26)	9.0715***(7.20)			
UDU						-0.0919(-1.34)		
OCMS×UDU						-0.1611*(-1.80)		
IDR							2.3472***(4.39)	
OCMS×IDR							-1.8993***(-3.24)	
EDY2								-0.0111(-0.01)
OCMS×EDY2								9.2400***(4.31)
CON	-0.1215(-0.88)	-0.1314(-0.95)	-0.0037**(-2.21)	-0.1575(-1.18)	-0.1688(-1.26)	-0.1646(-1.19)	-0.1588(-1.16)	-0.1451(-1.06)
FIR	-1.3857***(-3.02)	-1.3806***(-3.02)	-0.0159**(-2.16)	-1.2458***(-2.76)	-1.2420***(-2.76)	-1.5638***(-3.37)	-1.2176***(-2.66)	-1.3180***(-2.84)

续表

模型	模型1 (控制)	模型2 (H1)	模型3 (H2)	模型4 (H3)	模型5 (H4)	模型6 (H5)	模型7 (H6)	模型8 (H7)
RSH	-0.0515 (-0.84)	-0.0570 (-0.93)	-0.0050*** (-4.28)	-0.0241 (-0.40)	-0.0305 (-0.50)	-0.0908 (-1.45)	-0.0243 (-0.39)	-0.0564 (-0.89)
BDS	0.0009 (0.05)	-0.0026 (-0.13)	-0.0003** (-2.00)	-0.0076 (-0.38)	-0.0114 (-0.57)	-0.0030 (-0.15)	0.0098 (0.47)	-0.0111 (-0.55)
BDMT	0.0177*** (3.14)	0.0176*** (3.13)	0.0003*** (4.54)	0.0136** (2.42)	0.0135** (2.39)	0.0174*** (3.08)	0.0184*** (3.26)	0.0182*** (3.22)
SIZE	0.1364*** (11.34)	0.1381*** (11.41)	0.0008 (1.27)	0.1289*** (10.83)	0.1307*** (10.92)	0.1344*** (11.13)	0.1427*** (11.94)	0.1385*** (11.56)
LEV	0.7227*** (3.39)	0.7088*** (3.32)	0.0093 (1.52)	0.8044*** (3.81)	0.7896*** (3.73)	0.6496*** (3.02)	0.6987*** (3.27)	0.6869*** (3.19)
ROA	0.1031 (0.23)	0.1253 (0.27)	0.0248*** (4.22)	0.0849 (0.19)	0.1065 (0.23)	0.4475 (0.97)	0.2843 (0.61)	0.3909 (0.84)
GRH	-0.2016*** (-5.07)	-0.2012*** (-5.03)	-0.0015 (-1.49)	-0.1815*** (-4.64)	-0.1809*** (-4.60)	-0.1734*** (-4.29)	-0.1548*** (-3.89)	-0.1856*** (-4.48)
CONST	1.6857*** (5.34)	1.7219*** (5.44)	0.0191*** (10.84)	1.6133*** (5.17)	1.6531*** (5.29)	1.8790*** (5.78)	0.6848* (1.70)	1.7519*** (5.30)
IND					控制			
Wald chi2/F	271.08***	272.87***	87.67***	329.34***	331.99***	292.10***	314.54***	309.25***
N					717			

注：***、**、* 分别表示在1%、5%、10%统计水平下显著（双尾检验），模型3括号内为t值，其他为z值。

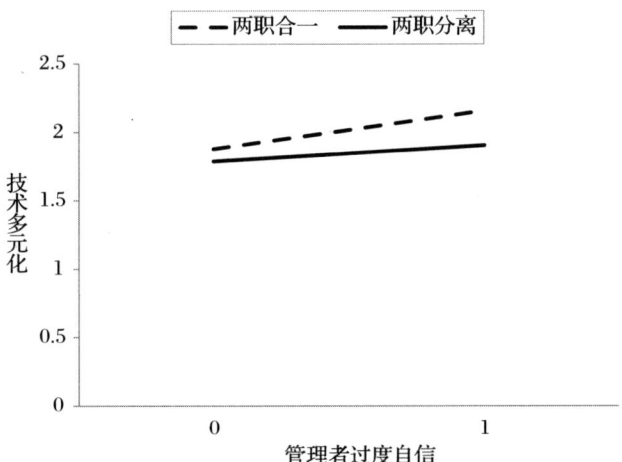

图 5-10　两职分离的抑制调节效应—稳健性检验
　　　　（各变量测量方法同时更换）

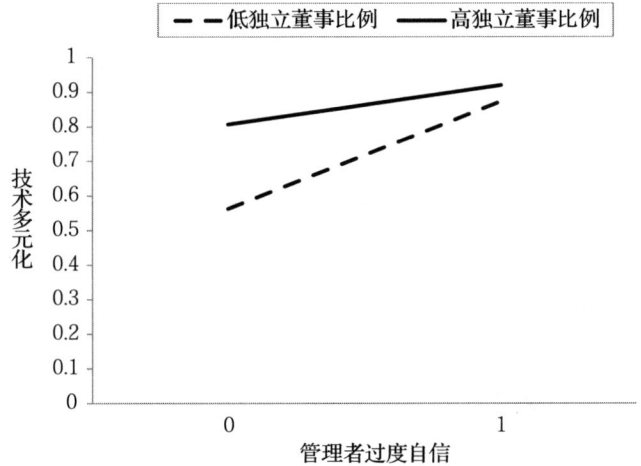

图 5-11　独立董事比例的抑制调节效应—稳健性检验
　　　　（各变量测量方法同时更换）

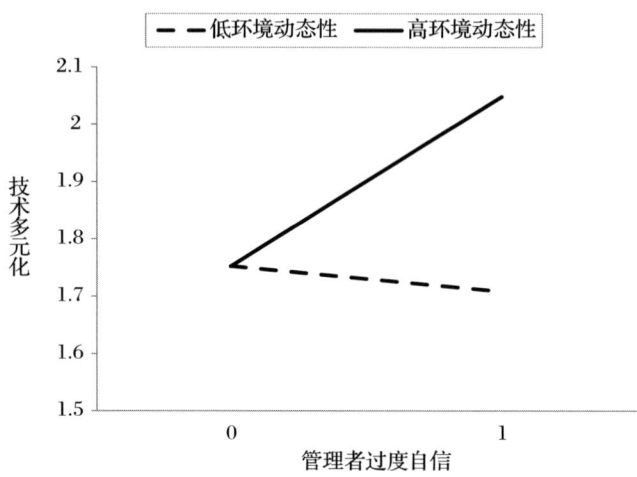

图 5-12　环境动态性的增强调节效应—稳健性检验
（各变量测量方法同时更换）

三、改变样本研究期间

在第四章第一节对样本Ⅰ的分析中已经指出，如表 4-1 所示，2013 年有效观测点占样本Ⅰ上市公司总数的 60%，2012 年占 82%，2011 年占 96%，因此在稳健性检验中可以考虑将 2012 年和 2013 年的数据剔除，将样本研究期间变更为 2007~2011 年，其中企业技术多元化的数据为 2008~2011 年，其他变量数据为 2007~2010 年，由此构建样本Ⅳ，包含 172 家样本上市公司共 465 个有效观测点。

对各变量测量方法的选择仍然希望尽可能尝试不同测量方法的组合，具体为：①管理者过度自信的衡量方法采用经过校准的管理者持股变化情况（OCMS）；②企业技术多元化的测量方法采用企业已授权发明专利涉及的技术领域数目（TDF）；③技术创新投入的测量方法采用研发费用与营业收入的比值（RDIR）；④环境动态性的测量方法采用 EDY2。回归分析的计量模型、其他变量测量方法均与主模型一致，分析结果如表 5-8 所示。

由表 5-8 所示回归分析结果可知，7 个研究假设均获得支持。需要说明的是，在模型 5 检验技术创新投入的中介作用时，RDIR（技术创新投入）对 TDF（技术多元化）的影响系数显著为正（4.2888，$p<0.01$），虽然模型 5 中自变量 OCMS 对因变量 TDF 的影响系数与模型 2 中的系数都在 5% 水平下显著，但系数由模型 2 中的 0.1233 降低为模型 5 中的 0.1185，对应的 z 值由

表 5-7 稳健性检验——剔除 CEO 变更的观测值

模型	模型1（控制）	模型2 (H1)	模型3 (H2)	模型4 (H3)	模型5 (H4)	模型6 (H5)	模型7 (H6)	模型8 (H7)
因变量	TDH_{t+1}	TDH_{t+1}	RDIA	TDH_{t+1}	TDH_{t+1}	TDH_{t+1}	TDH_{t+1}	TDH_{t+1}
OCMS		0.5194* (1.88)	0.0017*** (3.53)		0.4599* (1.68)	1.4020** (2.35)	0.6846** (2.25)	0.5870* (1.91)
RDIA				31.7409*** (3.47)	30.7464*** (3.36)			
UDU						-1.0081** (-2.19)		
OCMS×UDU						-1.0952* (-1.66)		
IDR							-0.7422 (-0.24)	
OCMS×IDR							-11.5861** (-2.01)	
EDY2								-3.2133 (-0.46)
OCMS×EDY2								24.3155* (1.81)
CON	-0.4850 (-0.82)	-0.5647 (-0.95)	-0.0007 (-1.35)	-0.5992 (-1.01)	-0.6671 (-1.12)	-0.7250 (-1.21)	-0.5727 (-0.96)	-0.5804 (-0.97)
FIR	-1.1689 (-0.52)	-1.0880 (-0.48)	-0.0109** (-2.15)	-1.1636 (-0.52)	-1.0942 (-0.49)	-1.3272 (-0.59)	-1.3097 (-0.58)	-1.3980 (-0.61)

续表

模型	模型1（控制）	模型2（H1）	模型3（H2）	模型4（H3）	模型5（H4）	模型6（H5）	模型7（H6）	模型8（H7）
RSH	-0.1374 (-0.35)	-0.1478 (-0.38)	-0.0046*** (-4.14)	-0.1009 (-0.26)	-0.1110 (-0.29)	-0.2829 (-0.72)	-0.1833 (-0.47)	-0.1676 (-0.42)
BDS	0.0515 (0.39)	0.0409 (0.31)	-0.0009*** (-4.00)	0.0482 (0.37)	0.0389 (0.30)	0.0900 (0.69)	0.0200 (0.15)	0.0591 (0.45)
BDMT	0.0585 (1.49)	0.0552 (1.41)	0.0004*** (4.29)	0.0507 (1.30)	0.0480 (1.23)	0.0548 (1.41)	0.0567 (1.45)	0.0563 (1.44)
SIZE	1.2925*** (9.87)	1.2953*** (9.90)	0.0005 (0.68)	1.2773*** (9.81)	1.2804*** (9.84)	1.3041*** (10.03)	1.3080*** (10.02)	1.2924*** (9.86)
LEV	2.0501* (1.67)	1.9658 (1.61)	0.0018 (0.33)	2.1517* (1.77)	2.0720* (1.70)	1.8210 (1.50)	2.3106* (1.89)	2.0898* (1.71)
ROA	4.2401 (1.59)	4.8205* (1.80)	0.0210*** (8.02)	3.2756 (1.23)	3.8222 (1.43)	5.2994** (2.00)	4.9109* (1.84)	5.0702* (1.90)
GRH	-0.7415*** (-2.62)	-0.6798** (-2.39)	-0.0014 (-0.66)	-0.6898** (-2.45)	-0.6366** (-2.26)	-0.6871** (-2.44)	-0.6579** (-2.33)	-0.6592** (-2.28)
CONST	1.3337 (0.78)	1.4101 (0.83)	0.0252*** (9.11)	1.0819 (0.64)	1.1591 (0.68)	1.9559 (1.14)	1.6985 (0.75)	1.3463 (0.77)
IND	控制							
Wald chi2/F	150.32***	154.40***	57.84***	164.35***	167.65***	165.81***	160.78***	159.55***
N	615							

注：***、**、*分别表示在1%、5%、10%统计水平下显著（双尾检验），模型3括号内为t值，其他为z值。

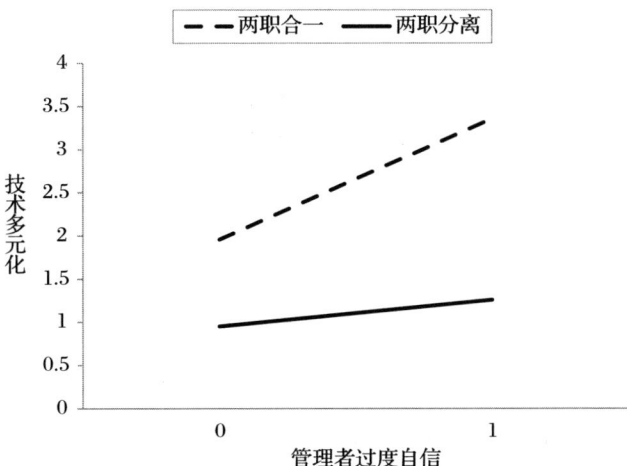

图 5-13　两职分离的抑制调节效应—稳健性检验
（剔除 CEO 变更的观测值）

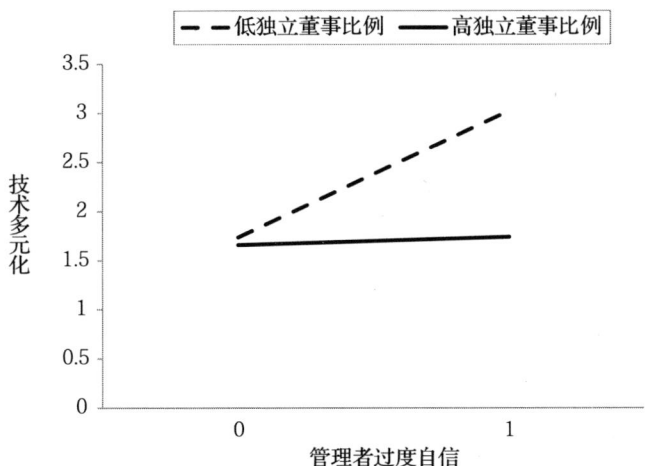

图 5-14　独立董事比例的抑制调节效应—稳健性检验
（剔除 CEO 变更的观测值）

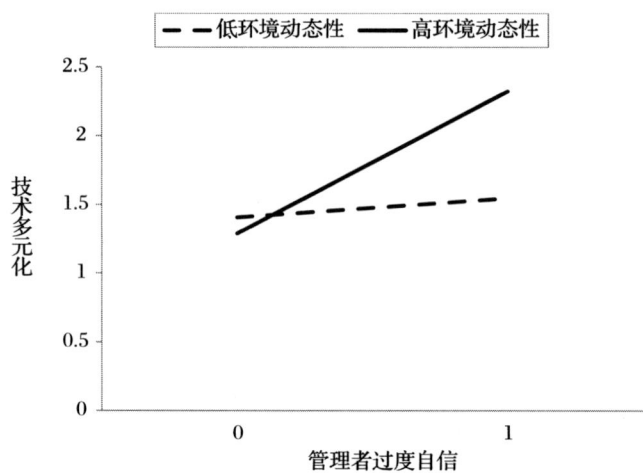

图 5-15 环境动态性的增强调节效应—稳健性检验
（剔除 CEO 变更的观测值）

2.35 降为 2.26，对应的 p 值由 0.019 提高到 0.024，也就是说系数的实际显著性水平是降低的，所以可以认为技术创新投入在管理者过度自信对企业技术多元化正向影响中的部分中介作用（H4）获得了支持。图 5-16 至图 5-18 展示了利用样本Ⅳ开展稳健性检验得出的两职分离和独立董事比例对主效应的抑制调节作用，以及环境动态性的增强调节效应，与主模型结果保持一致。

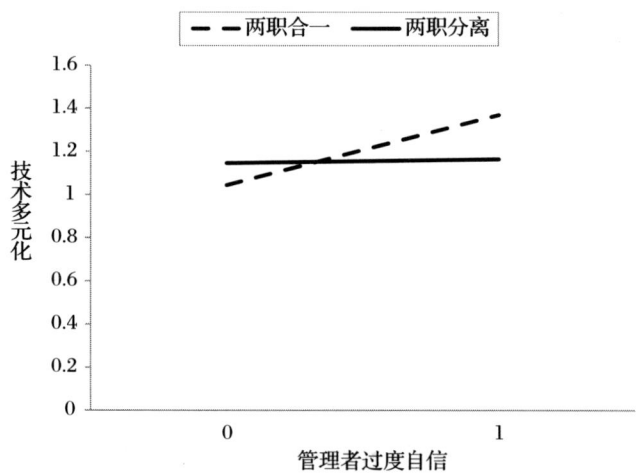

图 5-16 两职分离的抑制调节效应—稳健性检验
（改变样本研究期间）

表 5-8 稳健性检验—改变样本研究期间

模型	模型1（控制）	模型2（H1）	模型3（H2）	模型4（H3）	模型5（H4）	模型6（H5）	模型7（H6）	模型8（H7）
因变量	TDF_{t+1}	TDF_{t+1}	RDIR	TDF_{t+1}	TDF_{t+1}	TDF_{t+1}	TDF_{t+1}	TDF_{t+1}
OCMS		0.1233**(2.35)	0.0026***(4.15)		0.1185**(2.26)	0.3243**(2.49)	0.2031***(5.20)	0.1002*(1.90)
RDIR				4.3979***(2.91)	4.2888***(2.83)			
UDU						0.1026(0.95)		
OCMS×UDU						-0.3065**(-2.13)		
IDR							2.4508***(4.56)	
OCMS×IDR							-1.6924***(-3.08)	
EDY2								2.9624**(2.43)
OCMS×EDY2								6.8527***(2.77)
CON	-0.0115(-0.08)	-0.0396(-0.26)	-0.0019(-1.59)	-0.0166(-0.11)	-0.0435(-0.29)	-0.0225(-0.15)	-0.0378(-0.25)	-0.0342(-0.23)
FIR	0.1696(0.33)	0.1809(0.35)	-0.0490***(-4.19)	0.2269(0.44)	0.2344(0.45)	0.1053(0.20)	0.2879(0.56)	0.6302(1.20)

续表

模型	模型1(控制)	模型2(H1)	模型3(H2)	模型4(H3)	模型5(H4)	模型6(H5)	模型7(H6)	模型8(H7)
RSH	0.0620 (0.85)	0.0638 (0.88)	-0.0065*** (-3.28)	0.0617 (0.85)	0.0629 (0.87)	0.0499 (0.65)	0.0694 (0.96)	0.1509** (2.02)
BDS	0.0440* (1.82)	0.0273 (1.09)	-0.0016*** (-3.61)	0.0397 (1.64)	0.0237 (0.94)	0.0430* (1.69)	0.0382 (1.50)	0.0297 (1.18)
BDMT	-0.0056 (-0.68)	-0.0069 (-0.85)	0.0002 (1.03)	-0.0066 (-0.81)	-0.0079 (-0.97)	-0.0075 (-0.90)	-0.0059 (-0.72)	-0.0103 (-1.26)
SIZE	0.1137*** (7.81)	0.1128*** (7.76)	0.0014* (1.86)	0.1151*** (7.94)	0.1144*** (7.90)	0.1070*** (7.21)	0.1133*** (7.54)	0.1086*** (7.44)
LEV	0.2977 (1.05)	0.2777 (0.98)	0.0149** (2.00)	0.3762 (1.33)	0.3525 (1.24)	0.3093 (1.09)	0.2374 (0.84)	0.3325 (1.18)
ROA	-0.4620 (-0.69)	-0.1538 (-0.23)	0.0294 (1.44)	-0.6101 (-0.92)	-0.3123 (-0.46)	-0.2587 (-0.39)	0.0628 (0.09)	-0.2560 (-0.38)
GRH	-0.1082** (-2.39)	-0.0995** (-2.20)	-0.0042* (-1.69)	-0.1075** (-2.37)	-0.0992** (-2.18)	-0.1039** (-2.30)	-0.1022** (-2.26)	-0.1249*** (-2.66)
CONST	1.0903*** (2.91)	1.2360*** (3.24)	0.0486*** (7.70)	1.0483*** (2.80)	1.1922*** (3.13)	1.0444*** (2.63)	0.6699* (1.68)	0.9144** (2.35)
IND	控制							
Wald chi2/F	97.08***	103.19***	32.10***	106.16***	111.64***	104.84***	117.99***	125.02***
N	465							

注：***、**、*分别表示在1%、5%、10%统计水平下显著（双尾检验），模型3括号内为t值，其他为z值。

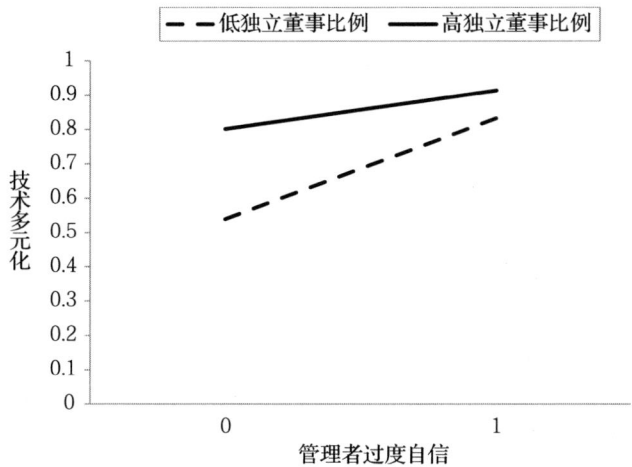

图 5-17 独立董事比例的抑制调节效应—稳健性检验
（改变样本研究期间）

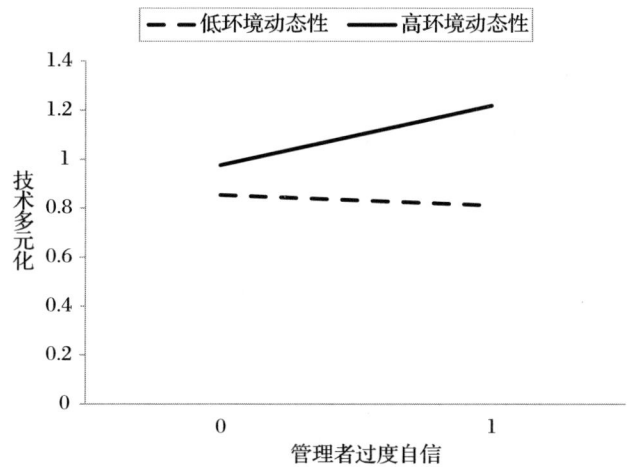

图 5-18 环境动态性的增强调节效应—稳健性检验
（改变样本研究期间）

第五节 本章小结

第五章包括本书实证研究的全部分析内容，主要有变量的描述性统计分析、变量的相关性分析、多元层次回归分析和稳健性检验。

变量的描述性和相关性统计是对变量特征和变量之间相关关系的初步分析。本章的重点在于：首先，通过多元层次回归分析对本书提出的7个研究假设进行了验证，7个研究假设均获得了分析结果的支持。其次，通过丰富的稳健性检验继续对研究假设进行验证，以尽可能确保实证分析结果在各种不同情形下都是一致可靠的。本书考虑的不同情形主要有：①变量测量方法变更，为了尽可能地探讨各变量不同测量方法及组合对回归结果的影响，开展了多种变量测量方法变更的稳健性分析，包括只变更自变量、只变更因变量、各变量同时变更（管理者过度自信、企业技术多元化、技术创新投入、环境动态性）。在稳健性检验的后两种情形中也加入了各变量不同测量方法的新组合。②剔除CEO变更的观测值，考虑到CEO发生变更可能会使高层管理团队持股情况、董事长和总经理两职设置数据发生异常，于是剔除了CEO变更的观测值，构建了样本Ⅲ开展稳健性分析。③改变样本研究期间，这是因为2012年和2013年样本企业技术多元化的有效观测点占样本企业总数的比值均低于95%，而2010年之后的年份不足95%的部分非有效观测点带来的，为了排除可能存在的影响，将研究期间变更为2007~2011年，构建了样本Ⅳ开展稳健性分析。

多元层次回归的主模型和各种情形的稳健性检验都支持了本书提出的7个研究假设，因此可以认为研究结论是稳健可靠的，并将其汇总于表5-9中。

表5-9 实证分析对研究假设的检验结果

分类	研究假设	实证结果
主效应	假设H1：管理者过度自信有助于提高企业的技术多元化程度	支持
技术创新投入的中介效应	假设H2：管理者过度自信有助于提高企业的技术创新投入	支持
	假设H3：技术创新投入有助于提高企业的技术多元化程度	支持
	假设H4：企业技术创新投入在管理者过度自信与技术多元化之间发挥中介作用	支持 部分中介
董事会结构的治理效应	假设H5：与两职合一相比，在两职分离的情境下，管理者过度自信对企业技术多元化的正向影响减弱	支持
	假设H6：与低独立董事比例相比，在高独立董事比例的情境下，管理者过度自信对企业技术多元化的正向影响减弱	支持
环境动态性的调节效应	假设H7：与低动态环境相比，在高动态环境下，管理者过度自信对企业技术多元化的正向影响增强	支持

第六章 结论与讨论

第一节 研究总结与研究结论

一、研究总结

本书聚焦于管理者过度自信对企业技术多元化的影响研究。技术多元化是企业经营实践中普遍存在的一种技术现象，但直到 20 世纪 90 年代基于专利数据的统计方法兴起，才有越来越多的学者关注这一问题。近年来，随着我国科研创新能力不断提升，专利申请量和授权量均有了大幅提高，截至 2016 年年底，我国成为继美国和日本之后，世界上第三个国内发明专利拥有量超过百万件的国家，这为学者们研究我国企业的技术多元化问题提供了良好的机遇。然而由于起步较晚，目前国内外学者关于企业技术多元化的探讨仍不成熟，存在着有待进一步挖掘的议题。

为了从已有文献中寻找研究缺口，本书首先尽可能全面地梳理了企业技术多元化对财务绩效影响作用的相关文献，发现该领域现有研究已达成了基本一致且可靠的结论，即认为企业技术多元化对财务绩效具有正向或倒 U 形影响，这意味着企业存在一个最佳的技术多元化水平或区间，能够带来最大的财务绩效，过低或过高的技术多元化水平均会带来不利影响。由这一结论引出两个问题：其一是如何提高企业的技术多元化水平，影响因素是什么；其二是如何对企业的技术多元化水平进行管理和控制，以避免出现过度技术多元化。进一步地，通过对企业技术多元化影响因素研究的相关文献进行尽可能全面的梳理，发现虽然我国学者何郁冰和陈劲于 2012 年在其企业技术多元化的综述论文中就已提出，鲜有研究从战略决策的层面研究企业如何推进技术多元化战略，然而时隔多年这一研究缺口仍然存在。

根据高阶梯队理论，高层管理者的心理特征和人口统计学特征会显著影响企业的战略决策和组织绩效（Hambrick 和 Mason，1984），基于此，本书希望能够解答：高层管理者的何种特征会影响企业开展技术多元化战略。企业技术多元化本质上是一种技术创新战略，Schumpeter（1912）提出，企业家精神是企业技术创新的源泉。过度自信是决策心理学中最稳健的发现之一（De Bondt 和 Thaler，1985）。本书通过将管理者过度自信的心理机制与企业家精神的特征进行对比（见表3-1），发现管理者过度自信与企业家精神具有相似的心理本质，过度自信的管理者通常具有企业家精神（推论一）。因此，管理者过度自信很可能是影响企业实施技术多元化战略的一种高层管理者心理特征，并且如企业家精神一样发挥着积极的促进作用。由此提出本书的核心议题：管理者过度自信对企业技术多元化的影响研究。

为了充分挖掘管理者过度自信对企业技术多元化的影响作用，更好地回答选题阶段提出的两个问题，在研究管理者过度自信对企业技术多元化直接影响的基础上，本书对核心议题进行了拓展：①根据Schumpeter企业家创新模型，引入技术创新投入作为中介变量，探讨管理者过度自信促进企业技术多元化的内在作用机制；②根据第二代高阶梯队理论模型，引入董事会结构（董事长和总经理两职分离、独立董事比例）的治理效应，探讨其能否抑制过度自信管理者的技术多元化决策，从而避免出现过度技术多元化；③根据第二代高阶梯队理论模型，引入环境动态性这一企业外部情境变量，将管理者过度自信对企业技术多元化的影响作用置于实践中企业普遍面临的动态环境特征下进行具体分析。最终形成了本书的研究问题，即探讨管理者过度自信对企业技术多元化战略决策的影响作用、中介机制、董事会结构的内部治理调节效应、环境动态性的外部情境调节效应，并构建起研究模型（见图1-3）。通过回顾和梳理相关理论和研究，得出本书的推论二、推论三。基于文献回顾、三个推论以及逻辑演绎，提出7个研究假设。

与现有大部分研究不同的是，本书基于企业已授权发明专利数据来衡量技术多元化水平，因为与提出申请的专利信息相比，已授权发明专利信息能够更加真实地体现企业的技术创新产出。本书对实证研究的研究期间、研究样本、变量测量方法、计量模型均进行了科学合理的设计。通过多元层次回归模型以2007~2013年我国沪深两市证券交易所A股专利密集型产业189家上市公司为样本进行实证分析，并考虑多种情形开展了丰富的稳健性检验，最终本书的7个研究假设全部得到支持，获得了较为稳健可靠的研究结论。

二、研究结论

（1）管理者过度自信对企业技术多元化有显著的促进作用。对该结论的阐释，需要首先分析企业技术多元化的概念内涵，企业技术多元化本质上是一种技术创新战略，同时也具有多元化战略的特点，而技术创新本身具有的高风险性，以及过度技术多元化损害企业财务绩效带来的"多元化折价"风险，使企业技术多元化战略也具有高风险的特征。于是通过对管理者过度自信在企业技术创新、多元化和风险承担领域的文献进行较为全面的梳理，发现已有的丰富的研究成果一致认同管理者过度自信对企业的技术创新投入、技术创新产出、多元化水平和风险承担水平均有显著的正向影响，由此总结出过度自信管理者具有技术创新导向、多元化导向和风险承担导向的决策偏好（推论二）。因而，过度自信的管理者在进行战略决策时，必然会更热衷于选择同时满足其三个决策偏好的技术多元化战略，从而提高了企业的技术多元化水平。这一研究结论有效解答了选题阶段提出的问题一，即如何提高企业的技术多元化水平。

（2）企业技术创新投入在管理者过度自信和技术多元化之间发挥部分中介作用。技术创新具有高风险、高收益、高投入、周期长、不确定性高的特点（Lee 和 O'Neill，2003），比一般的投资项目更有难度、更具有挑战性，因而技术创新项目的成功也更能够突显企业家才能（Dess 等，1997）。与理性的管理者相比，过度自信的管理者基于自我归因偏差、优于平均幻觉、难度效应和过度乐观的心理机制，会更热衷于实施技术创新活动，增加技术创新投入。企业的技术创新投入越多，表明企业有更为丰富的资源投入到更多的技术领域，开展多方面的技术创新尝试，进而有助于形成多领域多样化的技术能力，从而显著提高企业的技术多元化程度。技术创新投入发挥部分中介作用，说明管理者过度自信对企业技术多元化的正向影响还存在其他作用路径，比如企业通过技术并购或专利购买的方式直接获得多领域的已授权发明专利，这些购买的财务支出在会计处理上会直接记入无形资产，而不体现为企业的技术创新投入费用。

（3）董事会结构，具体而言董事长和总经理两职分离以及独立董事比例，能够有效抑制管理者过度自信对企业技术多元化的正向影响。随着高阶梯队理论的发展，第二代 UET 模型引入公司治理机制，提出公司治理机制能够调节高层管理者的战略决策行为以及对组织绩效的影响。董事会结构是现代公司治理体系的核心部分，两职分离和较高的独立董事比例能够增强董事会的独立性和专业性，提高董事会对管理者的约束和制衡，这不仅有助于对过度自信管理者的不科学技术多元化决策行为进行监督和纠正，还可以降低过度自信管理者的控制幻觉，从而降低其过度自信水平，使其在做出技术多元化战略决策时更加理性和审慎。董事会结构发挥的治理效应有助于对企业的技术多元化水平进行管理和控制，使其尽量维持在最佳区间，避免过度技术多元化给企业财务绩效带来损害。这一研究结论有效解答了选题阶段提出的问题二，即如何对企业技术多元化水平进行管理和控制。

（4）环境动态性能够显著增强管理者过度自信对企业技术多元化的正向影响。在知识经济背景下，企业经营所面临的外部环境呈现出动态多变的特征。根据动态能力理论和已有文献，本书发现适度的技术多元化是企业的一种动态能力（推论三）。基于此，在高动态环境下，过度自信的管理者便有着更强的动机实施技术多元化战略。进一步地，环境动态性能够发挥增强调节效应的核心原因在于，高动态环境能够充分激发过度自信管理者的企业家精神。推论一表明，过度自信的管理者通常具有企业家精神。高动态环境中蕴藏的机遇会激发过度自信管理者的企业家精神中建立自己的商业王国并获得成功的渴望；蕴藏的风险则会使"以冒险为乐事"、追求"难度效应"的过度自信管理者更加跃跃欲试，以期实现"征服的欲望""证明自己比别人优越"；此外，管理者过度自信心理所具有的校准偏差的本质特征会使其高估机遇而低估风险，从而强化以上两方面的影响。总之，在高动态环境下，过度自信的管理者会更加积极地实施技术多元化战略，通过在多个领域储备技术能力以抓住转瞬即逝的成功机遇。

第二节　理论贡献

（1）基于高阶梯队理论，从战略决策者心理特征的视角出发，探讨管理者过度自信对企业实施技术多元化战略的影响，在一定程度上填补了现有研究的缺口。何郁冰和陈劲（2012）早已提出，几乎没有文献从战略决策的角度研究企业如何推进技术多元化战略。然而五年之后的2017年，通过对企业技术多元化前因研究的文献进行梳理发现，虽然五年间有越来越多的学者从多个角度来解释这一问题，比如从企业内部资源禀赋（贾军和张卓，2012b；Lai和Weng，2013；何瑞芳，2015）、其他经营和战略活动的影响（贾军和张卓，2012b；Lee和Kang，2015）、资源投入（潘鑫等，2014）、企业规模（Lin和Chen，2013）、技术发展机会（Corradini等，2012、2016）、联盟组合特征（Bos，2012；Lai和Weng，2013；何瑞芳，2015）、企业所处网络特征（Lai和Weng，2013；Ozman，2014；曾德明等，2015）、外部环境或行业特征（贾军和张卓，2012b）、技术专利引进特征（王元地等，2015），但何郁冰和陈劲（2012）提出的研究缺口仍然存在。根据高阶梯队理论，与上述企业内外部静态特征相比，作为企业战略决策者的高层管理者其心理特征或人口统计学特征无疑会对企业的战略决策产生更加根本性的影响，比如理性保守的管理者和自负激进的管理者必然会有不同的战略决策偏好并做出不同的战略选择，从而影响企业的内部资源配置或外部关系建立，最终使企业获得不同的战略实施绩效。本书由此出发，根据高阶梯队理论，引入高层管理者特征作为解释企业技术多元化战略决策的前因因素；进一步地，根据企业技术多元化本质上是一种技术创新战略的特点，引入Schumpeter企业家创新模型，通过将管理者过度自信的心理机制与企业家精神的特征相比较，发现二者具有相似的心理本质（推论一），于是将高层管理者特征聚焦于管理者过度自信这一心理特征，探讨管理者过度自信对企业技术多元化的影响作用。

本书在分析管理者过度自信对企业技术多元化的影响逻辑时，主要根据已有文献的研究结论总结出的推论二来进行分析，即过度自信管理者具有技术创新导向、多元化导向、风险承担导向的决策偏好。虽然分析的基础——过度自信管理者的决策偏好（推论二）来源于已有的文献和成熟的结论，但本书对管理者过度自信与企业技术多元化关系的逻辑分析与研究仍是有价值和意义的，因为三个独立领域的研究结论并不能简单套用来解释技术多元化。具体而言，虽然管理者过度自信对企业技术创新投入和产出均具有显著的正向影响，能够使企业获得更高的技术创新绩效（Galasso 和 Simceo，2011；Hirshleifer 等，2012；Tang 等，2015；王山慧等，2013；林慧婷和王茂林，2014；易靖韬等，2015），但企业技术多元化体现的是技术创新成果在多技术领域的分布状况，并非单纯衡量技术创新成果的多少、技术创新绩效的高低，因而无法由此结论直接判断管理者过度自信对技术多元化的影响；同理，虽然管理者过度自信使企业的多元化水平更高（Malmendier 和 Tate，2008；Andreou 等，2011、2017；周杰和薛有志，2011；王山慧等，2015；徐朝辉和周宗放，2016），但技术多元化与业务多元化的内涵和衡量标准是否一致是值得商榷的，因而也无法将业务多元化的研究结论直接套用于技术多元化；在风险承担方面，虽然唐翌等学者的研究均发现，管理者过度自信会使企业承担更高的风险（Li 和 Tang，2010；Tang 和 Li，2013；Tang 等，2016；余明桂等，2013），但需要注意的是，高风险承担是过度自信管理者战略决策的结果而非目的，是由于选择了高收益项目而必然需要承担其高风险，不是因为某项目风险高就选择，毕竟还存在高风险低收益的情况，因此也不能由此结论武断地推出过度自信的管理者仅仅因为技术多元化具有高风险性就选择该战略。综上所述，企业技术多元化虽然具有技术创新、多元化和高风险的特征，但却不仅仅只是技术创新、只是多元化、只有高风险，而是三方面特征的融合体，具有内在的复杂性，管理者过度自信在技术创新、多元化或风险承担任何一个领域的研究结论，都无法单独套用来解释技术多元化。

本书认为，研究假设的提出应该建立在逻辑的可能性而非确定性上，进而通过实证研究来检验假设的可能性，确定性的逻辑是没有研究必要的。通过上述分析可知，管理者过度自信在技术创新、多元化和风险承担三个领域的确定性研究结论无法独立、直接地解释技术多元化，于是本书将确定性转化为可能性，从这三个领域的研究结论中总结出过度自信管理者的决策偏好（推论二),决策偏好代表战略选择的倾向性,倾向性则意味着战略选择的可能性,举例来说,一个人有对高风险的倾向性只能说明其有可能选择技术多元化,当同时具有三方面的倾向性时,说明其选择技术多元化的可能性更高。与非过度自信的管理者相比,过度自信的管理者同时具有三方面的倾向性,因而更有可能实施技术多元化战略。

(2) 深入挖掘和探讨了管理者过度自信对企业技术多元化影响作用的内在机制,验证了技术创新投入的部分中介作用,可以说在一定程度上打开了过度自信管理者推进企业技术多元化战略的"黑箱",揭示了这一战略推进过程和机制。同时,虽然在技术创新领域,"投入—产出"是一个获得普遍认可的简单逻辑,但事实上却鲜有研究考察技术创新投入对企业技术多元化的影响,目前仅发现 Chiu 等(2010)从企业层面验证了高研发投入会正向影响企业的技术多元化水平。因而在中介作用研究之外,特别分析并验证了企业技术创新投入对技术多元化的正向影响,为该结论的可靠性提供了支撑。

(3) 创造性地将管理者过度自信的心理机制与企业家精神的特征进行对比研究,得出管理者过度自信与企业家精神具有相似的心理本质,过度自信的管理者通常具有企业家精神的推论(推论一),突破了一直以来大部分学术研究所秉持的管理者过度自信在企业投资(Heaton,2002)、并购(Roll,1986)和多元化(Malmendier 和 Tate,2008)领域的"非效率"假定,有力地支持了过度自信管理者在企业技术创新领域所发挥的积极影响。

(4) 在研究的选题阶段,根据企业技术多元化对财务绩效的正向或倒 U 形影响,引出了两个问题:其一是如何推进企业的技术多元化战略,其二是如何对企业的技术多元化进行管理和控制,以避免出现损害财务绩效的过度技术多元化。虽然管理者过度自信对企业技术多元化的影响研究并非一个宏大的议题,但本书构建了较为系统的研究模型,探讨了其影响逻辑、内在中介机制、董事会结构的治理调节效应和环境动态性的外部情境调节效应,从战略决策者心理特征的视角较为全面和有效地解答了这两个问题,为企业技术多元化研究领域提供了有价值的研究结论。

第三节 管理实践启示

第一,合理雇用过度自信的管理者。根据已有文献研究结论,管理者过度自信既可能在企业投资(Heaton,2002)、并购(Roll,1986)和多元化(Malmendier 和 Tate,2008)领域产生"非效率"影响,也可能在企业技术创新领域发挥积极作用(Galasso 和 Simceo,2011;Hirshleifer 等,2012;Tang

等，2015；王山慧等，2013；林慧婷和王茂林，2014；易靖韬等，2015；史敏和耿修林，2017b），体现企业家精神（推论一）。可见，管理者过度自信对企业经营如同"双刃剑"，过度自信管理者的乐观、对优于平均的追求以及高风险偏好，既可能为企业带来高风险中蕴藏的高收益，也可能使企业面临投资失败。因此企业应该根据自身业务特征、发展阶段和行业特征合理评价、甄别和选聘过度自信的管理者，比如在技术密集型、专利密集型行业，过度自信的管理者很可能对企业的技术多元化发展产生积极影响。

第二，进一步优化董事会结构。基于过度自信管理者具有的"双刃剑"特征，那么无论在何种行业或环境下，优化董事会结构，加强对过度自信管理者战略决策的监督都是十分必要的。除董事长和总经理两职分离以提高董事会与高管团队的独立性、形成权力的制衡外，应提高独立董事监督和建言作用的发挥，因为独立董事比例的提高不仅可以加强董事会独立性，还能够提高董事会的专业性，同时独立董事具有客观、公正的第三方立场，有助于对过度自信管理者的战略决策进行有效的监督和提出合理的建议。本书实证研究结论为独立董事制度的有效性提供了证据和支持，希望企业能够正视和重视独立董事作用的发挥。

第三，适度的企业技术多元化是一种重要的动态能力和柔性技术创新战略，我国市场经济正处于动态多变的高速发展中，其中充满了机遇和挑战、风险和威胁，给我国企业的生存发展产生了重大的影响，因而建议我国企业适度、理性地提高技术多元化水平，以便更好地适应技术和市场的动态多变、抓住蕴藏的发展机遇，同时也应该注重时时监控技术和环境的变化，及时调整技术多元化的发展方向，更应该加强治理机制，防止过度技术多元化给企业财务绩效带来损害。

第四节 研究的不足与未来展望

研究的不足主要有：①对企业技术多元化的研究视角比较单一，仅考虑了总体的技术多元化水平，未考虑各技术领域之间的关联度，即相关技术多元化与不相关技术多元化的差别；②对技术创新投入的测量方法比较单一，考虑到数据的可获取性，只研究了技术创新投入的总量，没有研究技术创新投入的多元化程度；③研究方法比较单一，主要通过对客观数据进行处理和利用计量模型来开展实证分析，缺少问卷调查研究和案例研究的辅证；④仅探讨了技术创新投入的部分中介作用，没有进一步研究管理者过度自信对企业技术多元化影响的其他作用机制。

后续研究可以进一步探讨的选题方向有：①将技术多元化细分为相关技术多元化和不相关技术多元化，具体研究管理者过度自信或其他前因变量对不同技术多元化的影响作用；②继续探讨管理者过度自信影响企业技术多元化的其他作用机制，如过度自信管理者是否更倾向于建立研发联盟、开展技术并购或购买技术专利；③将核心技术能力引入企业技术多元化的研究，核心技术能力与技术多元化之间的平衡关系对企业的技术创新能力提升非常重要，可以探讨不同情境下，核心技术能力与企业技术多元化水平之间的平衡关系如何影响企业的财务绩效和创新绩效；④管理者过度自信有多个心理机制来源，如过度乐观、控制幻觉、高于平均、自我归因等，一个过度自信的管理者至少具有一种来源特征，不同来源的管理者过度自信可能会对不同的经营决策产生影响，可以通过实验研究或问卷调查的方式开展分类研究；⑤本书仅用研发费用的总量投入强度来衡量技术创新投入，后续研究可以通过问卷调查或深入挖掘报表信息的方法研究技术创新投入多元化或研发活动多元化对技术多元化的影响作用；⑥可以利用问卷调查或案例分析等研究方法开展管理者过度自信和企业技术多元化的研究，弥补现有相关文献大多基于二手数据进行计量分析的不足之处。

第五节　本章小结

本章是全书的最后一章，对所有研究内容进行了综合、总结、拓展和延伸。首先，对本书研究过程进行了系统梳理，将实证分析结果进行总结、形成研究结论；其次，挖掘和探讨了研究设计和研究结论具有的理论贡献；再次，根据研究结论对企业管理实践提出合理可行的启示和建议；最后，指出本书存在的不足之处，并对未来研究可改进、完善和拓展之处进行了展望。

参 考 文 献

[1] Andreou P C, Doukas J A, Koursaros D, et al. CEO overconfidence and the valuation effects of corporate diversification and refocusing decisions [J/OL]. SSRN Electronic Journal, 2017.

[2] Andreou P C, Doukas J A, Louca C. Corporate diversification and managerial overconfidence [J/OL]. SSRN Electronic Journal, 2011.

[3] Ansoff H I. Strategies for diversification [J]. Harvard Business Review, 1957, 35 (5): 113-124.

[4] Arthurs J D, Busenitz L W. The boundaries and limitations of agency theory and stewardship theory in the venture capitalist/entrepreneur relationship [J]. Entrepreneurship Theory and Practice, 2003, 28 (2): 145-162.

[5] Baccar A, Ben Mohamed E, Bouri A. CEOs' optimism, overconfidence and board of directors' characteristics: Relationship and evidence from Tunisian public firms [J/OL]. SSRN Electronic Journal, 2012.

[6] Baker M, Wurgler J. Behavioral corporate finance: An updated survey [R]. NBER Working Paper, No. 17333, 2011.

[7] Barney J B. Strategic factor markets: Expectations, luck, and business strategy [J]. Management Science, 1986, 32 (10): 1231-1241.

[8] Baron R A, Tang J. The role of entrepreneurs in firm-level innovation: Joint effects of positive affect, creativity, and environmental dynamism [J]. Journal of Business Venturing, 2011, 26 (1): 49-60.

[9] Baron R M, Kenny D A. The moderator-mediator variable distinction in social psychological research: Conceptual, strategic, and statistical considerations [J]. Journal of Personality and Social Psychology, 1986, 51 (6): 1173-1182.

[10] Barros L A B D C, Alexandre D M D S. Overconfidence, managerial optimism, and the determinants of capital structure [J]. Revista Brasileira De Finanças, 2008, 6 (3): 1-33.

[11] Bas C L, Patel P. Does internationalisation of technology determine technological diversification in large firms? An empirical study [J]. Revue Déconomie Industrielle, 2005, 110 (1): 157-174.

[12] Baumann A O, Deber R B, Thompson G G. Overconfidence among physicians and nurses: The "micro-certainty, macro-uncertainty" phenomenon [J]. Social Science and Medicine, 1991, 32 (2): 167-174.

[13] Bem D J. An experimental-analysis of self-persuasion [J]. Journal of Experimental Social Psychology, 1965, 1 (3): 199-218.

[14] Ben-David I, Graham J R, Harvey C R. Managerial overconfidence and corporate policies [R]. NBER Working Paper, No. 13711, 2007.

[15] Bettman J R, Weitz B A. Attributions in the board room: Causal reasoning in corporate annual reports [J]. Administrative Science Quarterly, 1983, 28 (2): 165-183.

[16] Bollaert H, Petit V. Beyond the dark side of executive psychology: Current research and new directions [J]. European Management Journal, 2010, 28 (5): 362-376.

[17] Boone C, De Brabander B. Generalized vs. specific locus of control expectancies of chief executive officers [J]. Strategic Management Journal, 1993, 14 (8): 619-625.

[18] Boone C, De Brabander B. Generalized vs. specific locus of control expectancies of chief executive officers [J]. Strategic Management Journal, 1993, 14 (8): 619-625.

[19] Bos B. Alliance portfolio diversity and technological diversification within firms: An empirical exploration of the pharmaceutical industry [J]. American Journal of Medical Quality, 2012, 28 (6): 464-471.

[20] Bourgeois L J. Strategic goals, perceived uncertainty, and economic performance in volatile environments [J]. Academy of Management Journal, 1985, 28 (3): 548-573.

[21] Breschi S, Lissoni F, Malerba F. Knowledge-relatedness in firm technological diversification [J]. Research Policy, 2003, 32 (1): 69-87.

[22] Brown R, Sarma N. CEO overconfidence, CEO dominance and corporate acquisitions [J]. Journal of Economics and Business, 2007, 59 (5): 358-379.

[23] Buehler R, Griffin D, Ross M. Exploring the "planning fallacy": Why people underestimate their task completion times [J]. Journal of Personality and Social Psychology, 1994, 67 (3): 366-381.

[24] Byrnes J P, Miller D C, Schafer W D. Gender differences in risk taking: A

meta-analysis [J]. Psychological Bulletin, 1999, 125 (3): 367-383.

[25] Cantwell J, Piscitello L. The emergence of corporate international networks for the accumulation of dispersed technological competences [J]. Mir Management International Review, 1999, 39 (1): 123-147.

[26] Cantwell J, Vertova G. Historical evolution of technological diversification [J]. Research Policy, 2004, 33 (3): 511-529.

[27] Carpenter M A, Fredrickson J W. Top management teams, global strategic posture, and the moderating role of uncertainty [J]. Academy of Management Journal, 2001, 44 (3): 533-545.

[28] Carpenter M A. The implications of strategy and social context for the relationship between top management team heterogeneity and firm performance [J]. Strategic Management Journal, 2002, 23 (3): 275-284.

[29] Carpenter M A, Geletkanycz M A, Sanders W G. Upper echelons research revisited: Antecedents, elements, and consequences of top management team composition [J]. Journal of Management, 2004, 30 (6): 749-778.

[30] Chatterjee A, Hambrick D C. It's all about me: Narcissistic chief executive officers and their effects on company strategy and performance [J]. Administrative Science Quarterly, 2007, 52 (3): 351-386.

[31] Chen Y M, Yang D H, Lin F J. Does technological diversification matter to firm performance? The moderating role of organizational slack [J]. Journal of Business Research, 2013, 66 (10): 1970-1975.

[32] Chen Y S, Chang K C. Using the entropy-based patent measure to explore the influences of related and unrelated technological diversification upon technological competences and firm performance [J]. Scientometrics, 2012, 90 (3): 825-841.

[33] Chen Y S, Shih C Y, Chang C H. The effects of related and unrelated technological diversification on innovation performance and corporate growth in the Taiwan's semiconductor industry [J]. Scientometrics, 2012, 92 (1): 117-134.

[34] Chiu Y C, Lai H C, Lee T Y, et al. Technological diversification, complementary assets, and performance [J]. Technological Forecasting and Social Change, 2008, 75 (6): 875-892.

[35] Chiu Y C, Lai H C, Liaw Y C, et al. Technological scope: Diversified or specialized [J]. Scientometrics, 2010, 82 (1): 37-58.

[36] Cingöz A, Akdoğan A A. Strategic flexibility, environmental dynamism, and innovation performance: An empirical study [J]. Procedia-Social and Behavioral Sciences, 2013, 99: 582-589.

[37] Colbert A E, Barrick M R, Bradley B H. Personality and leadership composition in top management teams: Implications for organizational effectiveness [J]. Personnel Psychology, 2014, 67 (2): 351-387.

[38] Cooper A C, Woo C Y, Dunkelberg W C. Entrepreneurs' perceived chances for success [J]. Journal of Business Venturing, 1988, 3 (2): 97-108.

[39] Corradini C, Battisti G, Demirel P. Determinants of technological diversification in small serial innovators [R]. Nottingham University Business School Research Paper, No. 9, 2012.

[40] Corradini C, Demirel P, Battisti G. Technological diversification within UK's small serial innovators [J]. Small Business Economics, 2016, 47 (1): 163-177.

[41] Crossan M M, Apaydin M. A multi-dimensional framework of organizational innovation: A systematic review of the literature [J]. Journal of Management Studies, 2010, 47 (6): 1154-1191.

[42] Crossland C, Hambrick D C. Differences in managerial discretion across countries: How nation-level institutions affect the degree to which CEOs matter [J]. Strategic Management Journal, 2011, 32 (8): 797-819.

[43] Daniel K, Hirshleifer D, Subrahmanyam A. Investor psychology and security market under- and overreactions [J]. The Journal of Finance, 1998, 53 (6): 1839-1885.

[44] David P, Gimeno J. The influence of activism by institutional investors on R&D [J]. Academy of Management Journal, 2001, 44 (1): 144-157.

[45] Davis J H, Schoorman F D, Donaldson L. Toward astewardship theory of management [J]. Academy of Management Review, 1997, 22 (1): 20-47.

[46] De Bondt W F M, Thaler R. Does the stock market overreact? [J]. The Journal of Finance, 1985, 40 (3): 793-805.

[47] De Ven A H, Poole M S. Explaining development and change in organizations [J]. Academy of Management Review, 1995, 20 (3): 510-540.

[48] Dess G G, Beard D W. Dimensions of organizational task environment [J]. Administrative Science Quarterly, 1984, 29 (1): 52-73.

[49] Dess G G, Lumpkin G T, Covin J G. Entrepreneurial strategy making and firm performance: Tests of contingency and configurational models [J]. Strategic Management Journal, 1997, 18 (9): 677-695.

[50] Donaldson L, Davis J H. Stewardship theory or agency theory: CEO governance and shareholder returns [J]. Australian Journal of Management, 1991, 16 (1): 49-64.

[51] Dosi G, Freeman C, Nelson R, et al. Technical change and economic theory [M]. London: Pinter Publishers, 1988.

[52] Doukas J A, Petmezas D. Acquisitions, overconfident managers and self-attribution bias [J]. European Financial Management, 2007, 13 (3): 531-577.

[53] Driscoll J C, Kraay A C. Consistent covariance matrix estimation with spatially dependent panel data [J]. The Review of Economics and Statistics, 1998, 80 (4): 549-560.

[54] Eisenhardt K M, Martin J A. Dynamic capabilities: What are they? [J]. Strategic Management Journal, 2000, 21 (10/11): 1105-1121.

[55] Fai F. Corporate technological competence and the evolution of technological diversification [M]. Cheltenham, Edward Elgar Publishing, 2003.

[56] Fai F. The evolution of corporate technological diversification 1930-90: An investigation into the concept of technological relatedness [C]. Grenoble: Communication to European Meeting on Applied Evolutionary Economics, 1999.

[57] Fama E F, Jensen M C. Separation of ownership and control [J]. Journal of Law and Economics, 1983, 26 (2): 301-325.

[58] Feldman M P, Audretsch D B. Innovation in cities: Science-based diversity, specialization and localized competition [J]. European Economic Review, 1999, 43 (2): 409-429.

[59] Finkelstein S, Hambrick D C. Top-management-team tenure and organizational outcomes: The moderating role of managerial discretion [J]. Administrative Science Quarterly, 1990, 35 (3): 484-503.

[60] Finkelstein S, Peteraf M A. Managerial activities: A missing link in managerial discretion theory [J]. Strategic Organization, 2007, 5 (3): 237-248.

[61] Fischhoff B, Slovic P, Lichtenstein S. Knowing with certainty: The appropriateness of extreme confidence [J]. Journal of Experimental Psychology Human Perception and Performance, 1977, 3 (4): 552-564.

[62] Forbes D P. Are some entrepreneurs more overconfident than others? [J]. Journal of Business Venturing, 2005, 20 (5): 623-640.

[63] Fraser S, Greene F J. The effects of experience on entrepreneurial optimism and uncertainty [J]. Economica, 2006, 73 (290): 169-192.

[64] Freeman C. The economics of industrial innovation [M]. Cambridge: The MIT Press, 1982.

[65] Galasso A, Simcoe T S. CEO overconfidence and innovation [J]. Management Science, 2011, 57 (8): 1469-1484.

[66] Gambardella A, Torrisi S. Does technological convergence imply convergence in markets? Evidence from the electronics industry [J]. Research Policy, 1998, 27 (5): 445-463.

[67] Garcia-Vega M. Does technological diversification promote innovation?: An empirical analysis for European firms [J]. Research Policy, 2006, 35 (2): 230-246.

[68] Gemba K, Kodama F. Diversification dynamics of the Japanese industry [J]. Research Policy, 2001, 30 (8): 1165-1184.

[69] Gerstner W C, König A, Enders A, et al. CEO narcissism, audience engagement, and organizational adoption of technological discontinuities [J]. Administrative Science Quarterly, 2013, 58 (2): 257-291.

[70] Gervais S, Odean T. Learning to be overconfident [J]. The Review of Financial Studies, 2001, 14 (1): 1-27.

[71] Glaser M, Schäfers P, Weber M. Managerial optimism and corporate investment: Is the CEO alone responsible for the relation? [C]. New Orleans: AFA Meetings Paper, 2008.

[72] Glaser M, Weber M. Overconfidence and trading volume [J]. Geneva Risk and Insurance Review, 2007, 32 (1): 1-36.

[73] Granstrand O, Oskarsson C. Technology diversification in "MUL-TECH" corporations [J]. IEEE Transactions on Engineering Management, 1994, 41 (4): 355-364.

[74] Granstrand O, Patel P, Pavitt K. Multi-technology corporations: Why they have "distributed" rather than "distinctive core" competencies [J]. California Management Review, 1997, 39 (4): 8-25.

[75] Granstrand O, Sjölander S. Managing innovation in multi-technology corporations [J]. Research Policy, 1990, 19 (1): 35-60.

[76] Granstrand O. Towards a theory of the technology-based firm [J]. Research Policy, 1998, 27 (5): 465-489.

[77] Greve H R. A behavioral theory of R&D expenditures and innovations: Evidence from shipbuilding [J]. Academy of Management Journal, 2003, 46 (6): 685-702.

[78] Griffin D, Tversky A. The weighing of evidence and the determinants of confidence [J]. Cognitive Psychology, 1992, 24 (3): 411-435.

[79] Grover V, Goslar M D. The initiation, adoption, and implementation of telecommunications technologies in U. S. organizations [J]. Journal of Management Information Systems, 1993, 1 (10): 141-163.

[80] Hambrick D C, Cho T S, Chen M J. The influence of top management team heterogeneity on firms' competitive moves [J]. Administrative Science Quarterly, 1996, 41 (4): 659-684.

[81] Hambrick D C, Finkelstein S, Mooney A C. Executive job demands: New insights for explaining strategic decisions and leader behaviors [J]. Academy of Management Review, 2005, 30 (3): 472-491.

[82] Hambrick D C, Finkelstein S. Managerial discretion: A bridge between polar views of organizational outcomes [J]. Research in Organizational Behavior, 1987, 9 (4): 369-406.

[83] Hambrick D C, Mason P C. Upper echelons: The organizaiton as a reflection of its top managers [J]. Academy of Management Review, 1984, 9 (2): 193-206.

[84] Hambrick D C. Top management groups: A conceptual integration and reconsideration of the "team" label [J]. Research in Organizational Behavior, 1994, 16 (6): 171-213.

[85] Hambrick D C. Upper Echelons Theory: An update [J]. Academy of Management Review, 2007, 32 (2): 334-343.

[86] Hayward M L A, Hambrick D C. Explaining the premiums paid for large acquisitions: Evidence of CEO hubris [J]. Administrative Science Quarterly, 1997, 42 (1): 103-127.

[87] Hayward M L A, Shepherd D A, Griffin D. A hubris theory of entrepreneurship [J]. Management Science, 2006, 52 (2): 160-172.

[88] Heath C, Tversky A. Preference and belief: Ambiguity and competence in choice under uncertainty [J]. Journal of Risk and Uncertainty, 1991, 4

(1): 5-28.

[89] Heaton J B. Managerial optimism and corporate finance [J]. Financial Management, 2002, 31 (2): 33-45.

[90] Hilary G, Hui K W. Does religion matter in corporate decision making in America? [J]. Journal of Financial Economics, 2009, 93 (3): 455-473.

[91] Hiller N J, Hambrick D C. Conceptualizing executive hubris: The role of (hyper-) core self-evaluations in strategic decision-making [J]. Strategic Management Journal, 2005, 26 (4): 297-319.

[92] Hirshleifer D, Low A, Teoh S H. Are overconfident CEOs better innovators? [J]. The Journal of Finance, 2012, 67 (4): 1457-1498.

[93] Hsee C K. The evaluability hypothesis: An explanation for preference reversals between joint and separate evaluations of alternatives [J]. Organizational Behavior and Human Decision Processes, 1996, 67 (3): 247-257.

[94] Jaworski B J, Kohli A K. Market orientation: Antecedents and consequences [J]. Journal of Marketing, 1993, 57 (3): 53-71.

[95] Jensen M C, Meckling W H. Theory of the firm: Managerial behavior, agency costs and ownership structure [J]. Journal of Financial Economics, 1976, 3 (4): 305-360.

[96] John K, Litov L, Yeung B. Corporate governance and risk-taking [J]. The Journal of Finance, 2008, 63 (4): 1679-1728.

[97] Judge T A, Piccolo R F, Kosalka T. The bright and dark sides of leader traits: A review and theoretical extension of the leader trait paradigm [J]. The Leadership Quarterly, 2009, 20 (6): 855-875.

[98] Kahneman D, Tversky A. Prospect Theory: An analysis of decision under risk [J]. Econometrica, 1979, 47 (2): 263-292.

[99] Keats B W, Hitt M A. A causal model of linkages among environmental dimensions, macro organizational characteristics, and performance [J]. Academy of Management Journal, 1988, 31 (3): 570-598.

[100] Kidd J B. The utilization of subjective probabilities in production planning [J]. Acta Psychologica, 1970, 34 (70): 338-347.

[101] Kilduff M, Angelmar R, Mehra A. Top management team diversity and firm performance: Examining the role of cognitions [J]. Organization Science, 2000, 11 (1): 21-34.

[102] Kim H, Lim H, Park Y. How should firms carry out technological diversification to improve their performance? An analysis of patenting of Korean firms [J]. Economics of Innovation and New Technology, 2009, 18 (8): 757-770.

[103] Kim J, Lee C Y, Cho Y. Technological diversification, core-technology competence, and firm growth [J]. Research Policy, 2016, 45 (1): 113-124.

[104] Kodama F. Technological diversification of Japanese industry [J]. Science, 1986, 233 (4761): 291-296.

[105] Kolasinski A C, Li X. Can strong boards and trading their own firm's stock help CEOs make better decisions? Evidence from acquisitions by overconfident CEOs [J]. Journal of Financial and Quantitative Analysis, 2013, 48 (4): 1173-1206.

[106] Kruger J, Dunning D. Unskilled and inaware of it: How difficulties in recognizing one's own incompetence lead to inflated self-assessments [J]. Journal of Personality and Social Psychology, 1999, 77 (6): 1121-1134.

[107] Kunda Z. Motivated inference: Self-serving generation and evaluation of causal theories [J]. Journal of Personality and Social Psychology, 1987, 53 (4): 636-647.

[108] Lai H C, Weng C S. Do technology alliances benefit technological diversification? The effects of technological knowledge distance, network centrality and complementary assets [J]. Asian Journal of Technology Innovation, 2013, 21 (1): 136-152.

[109] Landier A, Thesmar D. Financial contracting with optimistic entrepreneurs: Theory and evidence [J]. Review of Financial Studies, 2009, 22 (1): 117-150.

[110] Langer E J, Roth J. Heads I win, tails it's chance: The illusion of control as a function of the sequence of outcomes in a purely chance task [J]. Journal of Personality and Social Psychology, 1975, 32 (6): 951-955.

[111] Langer E J. The illusion of control [J]. Journal of Personality and Social Psychology, 1975, 32 (2): 311-328.

[112] Larrick R P, Burson K A, Soll J B. Social comparison and confidence: When thinking you're better than average predicts overconfidence (and when

[113] Larwood L, Whittaker W. Managerial myopia: Self-serving biases in organizational planning [J]. Journal of Applied Psychology, 1977, 62 (2): 194-198.

[114] Laursen K. Horizontal diversification in the Danish national system of innovation: The case of pharmaceuticals [J]. Research Policy, 1996, 25 (15): 1121-1137.

[115] Lee P M, O'Neill H M. Ownership structures and R&D investments of U.S. and Japanese firms: Agency and Stewardship perspectives [J]. Academy of Management Journal, 2003, 46 (2): 212-225.

[116] Lee S U, Kang J. Technological diversification through corporate venture capital investments: Creating various options to strengthen dynamic capabilities [J]. Industry and Innovation, 2015, 22 (5): 349-374.

[117] Leten B, Belderbos R, Looy B V. Technological diversification, coherence, and performance of firms [J]. Journal of Product Innovation Management, 2007, 24 (6): 567-579.

[118] Li J, Tang Y. CEO hubris and firm risk taking in china: The moderating role of managerial discretion [J]. Academy of Management Journal, 2010, 53 (1): 45-68.

[119] Lichtenstein S, Fischhoff B. Do those who know more also know more about how much they know? [J]. Organizational Behavior and Human Performance, 1977, 20 (2): 159-183.

[120] Lin C, Chang C C. The effect of technological diversification on organizational performance: An empirical study of S&P 500 manufacturingfirms [J]. Technological Forecasting and Social Change, 2015, 90: 575-586.

[121] Lin J, Chen X. Therole of large enterprises and SME in the process of technological innovation—based on empirical analysis of technological diversification and technological convergence of China's ICT industry [J]. Journal of Convergence Information Technology, 2013, 8 (5): 1285-1294.

[122] Lin Y H, Hu S Y, Chen M S. Managerial optimism and corporate investment: Some empirical evidence from Taiwan [J]. Pacific-Basin Finance Journal, 2005, 13 (5): 523-546.

[123] Lippman S A, Rumelt R P. Uncertain imitability: An analysis of interfirm

differences in efficiency under competition [J]. Bell Journal of Economics, 1982, 13 (2): 418-438.

[124] Lundeberg M A, Fox P W, Punćcohaŕ J. Highly confident but wrong: Gender differences and similarities in confidence judgments [J]. Journal of Educational Psychology, 1994, 86 (1): 114-121.

[125] Maccoby M. Narcissistic leaders the incredible pros, the inevitable cons [J]. Harvard Business Review, 2004, 82 (1): 92-101.

[126] Malmendier U, Tate G. CEO overconfidence and corporate investment [J]. The Journal of Finance, 2005a, 60 (6): 2661-2700.

[127] Malmendier U, Tate G. Does overconfidence affect corporate investment? CEO overconfidence measures revisited [J]. European Financial Management, 2005b, 11 (5): 649-659.

[128] Malmendier U, Tate G. Who makes acquisitions? CEO overconfidence and the market's reaction [J]. Journal of Financial Economics, 2008, 89 (1): 20-43.

[129] Manh D L. Impacts of a firm's technological diversification on product diversification and performance [D]. National University of Singapore, 2010.

[130] March J G, Shapira Z. Managerial perspective on risk and risk taking [J]. Management Science, 1987, 33 (11): 1404-1418.

[131] Merrow E W, Phillips K E, Myers C W. Understanding cost growth and performance shortfalls in pioneer process plants [M]. Santa Monica: The Rand Corporation, 1981.

[132] Miller D J. Technological diversity, related diversification, and firm performance [J]. Strategic Management Journal, 2006, 27 (7): 601-619.

[133] Miller D, Toulouse J M. Top executive locus of control and its relationship to strategy-making, structure, and environment [J]. Academy of Management Journal, 1982, 25 (2): 237-253.

[134] Mooney A C, Sonnenfeld J. Exploring antecedents to top management team conflict: The importance of behavioral integration [C]. Washington DC: Academy of Management Annual Meeting Proceedings, 2001.

[135] Nelson R R. The simple economics of basic scientific research [J]. Journal of Political Economy, 1959, 67 (3): 297-306.

[136] Nieto M, Quevedo P. Absorptive capacity, technological opportunity, knowledge spillovers, and innovative effort [J]. Technovation, 2005, 25

(10): 1141-1157.

[137] Oliver B R. The impact of management confidence on capital structure [J/OL]. SSRN Electronic Journal, 2005.

[138] Oskamp S. Overconfidence in case-study judgments [J]. Journal of Consulting Psychology, 1965, 29 (3): 261-265.

[139] Oskarsson C. Technology diversification: The phenomenon, its causes and effects [D]. Chalmers University of Technology, 1993.

[140] Ozman G C M. Technological diversity and inventor networks [J]. Economics of Innovation and New Technology, 2014, 23 (2): 161-178.

[141] Patel P, Pavitt K. Large firms in the production of the world's technology: An important case of "non-globalisation" [J]. Journal of International Business Studies, 1991, 22 (1): 1-21.

[142] Pavitt K, Robson M, Townsend J. Technological accumulation, diversification and organisation in UK Companies, 1945-1983 [J]. Management Science, 1989, 35 (1): 81-89.

[143] Penrose E T. The theory of the growth of the firm [M]. New York: John Wiley & Sons, 1959.

[144] Piscitello L. Corporate diversification, coherence and economic performance [J]. Industrial and Corporate Change, 2004, 13 (5): 757-787.

[145] Porter M E. Competitive strategy [M]. New York: Free Press, 1980.

[146] Prahalad C K, Hamel G. The core competence of the corporation [J]. Harvard Business Review, 1990, 68 (3): 275-292.

[147] Richard O C, Barnett T, Dwyer S, et al. Cultural diversity in management, firm performance, and the moderating role of entrepreneurial orientation dimensions [J]. Academy of Management Journal, 2004, 47 (2): 255-266.

[148] Richardson G B. The organisation of industry [J]. Economic Journal, 1972, 82 (327): 883-896.

[149] Roll R. The hubris hypothesis of corporate takeovers [J]. Journal of Business, 1986, 59 (2): 197-216.

[150] Russo J E, Schoemaker P J H. Managing overconfidence [J]. MIT Sloan Management Review, 1992, 33 (2): 7-17.

[151] Sapienze H J, Parhankangs A, Autio E. Knowledge-relatedness and post-spin-off growth [J]. Journal of Business Venturing, 2004, 19 (6): 809-829.

[152] Sapsed J D. How should "knowledge bases" be organised in multi-technology corporations? [J]. International Journal of Innovation Management, 2005, 9 (1): 75-102.

[153] Schrand C M, Zechman S L C. Executive overconfidence and the slippery slope to financial misreporting [J]. Journal of Accounting and Economics, 2012, 53 (1-2): 311-329.

[154] Schumpeter J A. Capitalism, socialism and democracy [M]. New York: Harper & Brothers, 1942.

[155] Schumpeter J A. The theory of economic development [M]. London: Cambridge University Press, 1912.

[156] Shefrin H M, Thaler R H. The behavioral life-cycle hypothesis [J]. Economic Inquiry, 1988, 26 (4): 609-643.

[157] Simon H A. A behavioral model of rational choice [J]. Quarterly Journal of Economics, 1955, 69 (1): 99-118.

[158] Simon M, Houghton S M. The relationship between overconfidence and the introduction of risky products: Evidence from a field study [J]. Academy of Management Journal, 2003, 46 (2): 139-149.

[159] Simons T, Pelled L H, Smith K A. Making use of difference: Diversity, debate, and decision comprehensiveness in top management teams [J]. Academy of Management Journal, 1999, 42 (6): 662-673.

[160] Simsek Z, Heavey C, Veiga J F. The impact of CEO core self-evaluation on the firm's entrepreneurial orientation [J]. Strategic Management Journal, 2010, 31 (1): 110-119.

[161] Smith K G, Smith K A, Olian J D, et al. Top management team demography and process: The role of social integration and communication [J]. Administrative Science Quarterly, 1994, 39 (3): 412-438.

[162] Staël Von Holstein C-A S. Probabilistic forecasting: An experiment related to the stock market [J]. Organizational Behavior and Human Performance, 1972, 8 (1): 139-158.

[163] Steinemann P P, Veloso F, Wolter C. Technological diversification and economic performance: A within industry perspective [R]. Program in Strategy, Entrepreneurship and Technological Change Working paper, second draft, 2004.

[164] Subbanarasimha P N. Strategy in turbulent environments: The role of dynam-

ic competence [J]. Managerial and Decision Economics, 2001, 22 (4-5): 201-212.

[165] Suzuki J, Kodama F. Technological diversity of persistent innovators in Japan: Two case studies of large Japanese firms [J]. Research Policy, 2004, 33 (3): 531-549.

[166] Svenson O. Are we all less risky and more skillful than our fellow drivers? [J]. Acta Psychologica, 1981, 47 (2): 143-148.

[167] Tang Y, Li J, Liu Y. Does founder CEO status affect firm risk taking? [J]. Journal of Leadership and Organizational Studies, 2016, 23 (3): 322-334.

[168] Tang Y, Li J, Yang H. What I see, what I do: How executive hubris affects firm innovation [J]. Journal of Management, 2015, 41 (6): 1698-1723.

[169] Tang Y, Li J. How founder CEOs affect firm risk taking: An executive job demands perspective [C]. Washington DC: Academy of Management Annual Meeting Proceedings, 2013.

[170] Taylor S E, Brown J D. Illusion and well-being: A social psychological perspective on mental health [J]. Psychological Bulletin, 1988, 103 (2): 193-210.

[171] Teece D J, Pisano G, Shuen A. Dynamic capabilities and strategic management [J]. Strategic Management Journal, 1997, 18 (7): 509-533.

[172] Thaler R H. Mental accounting and consumer choice: Anatomy of a failure [J]. Marketing Science, 2008, 27 (1): 12-14.

[173] Thaler R H. Mental accounting and consumer choice [J]. Marketing Science, 1985, 4 (3): 199-214.

[174] Tihanyi L, Ellstrand A E, Daily C M, et al. Composition of the top management team and firm international diversification [J]. Journal of Management, 2000, 26 (6): 1157-1177.

[175] Tosi H, Aldag R, Storey R. On the measurement of the environment: An assessment of the Lawrence and Lorsch environmental uncertainty subscale [J]. Administrative Science Quarterly, 1973, 18 (1): 27-36.

[176] Tushman M L, Anderson P. Technological discontinuities and organizational environments [J]. Administrative Science Quarterly, 1986, 31 (3): 439-465.

[177] Tversky A, Kahneman D. Advances in prospect theory: Cumulative representation of uncertainty [J]. Journal of Risk Uncertainty, 1992, 5 (4): 297-323.

[178] Tversky A, Kahneman D. Judgement under uncertainty: Heuristics and biases [J]. Science, 1974, 185 (4157): 1124-1131.

[179] Tversky A, Kahneman D. Rational choice and the framing of decisions [J]. Journal of Business, 1986, 59 (4): 251-278.

[180] Tversky A, Koehler D J. Support theory: A nonextensional representation of subjective probability [J]. Psychological Review, 1994, 101 (4): 547-567.

[181] Utterback J M, Abernathy W J. A dynamic model of process and product innovation [J]. Omega-international Journal of Management Science, 1975, 3 (6): 639-656.

[182] Venter G V D, Michayluk D. An insight into overconfidence in the forecasting abilities of financial advisors [J]. Australian Journal of Management, 2008, 32 (3): 545-557.

[183] Watanabe C, Matsumoto K, Hur J Y. Technological diversification and assimilation of spillover technology: Canon's scenario for sustainable growth [J]. Technological Forecasting and Social Change, 2004, 71 (9): 941-959.

[184] Weiner B, Kukla A. An attributional analysis of achievement motivation [J]. Journal of Personality and Social Psychology, 1970, 15 (1): 1-20.

[185] Weinstein N D. Unrealistic optimism about future life events [J]. Journal of Personality and Social Psychology, 1980, 39 (5): 806-820.

[186] Weiss A M, Heide J B. The nature of organizational search in high technology markets [J]. Journal of Marketing Research, 1993, 30 (5): 220-233.

[187] Wernerfelt B. A resource-based view of the firm [J]. Strategic Management Journal, 1984, 5 (2): 171-180.

[188] West C T, Schwenk C R. Top management team strategic consensus, demographic homogeneity and firm performance: A report of resounding nonfindings [J]. Strategic Management Journal, 1996, 17 (7): 571-576.

[189] Wheelwright S C, Clark K B. Creating project plans to focus product development [J]. Harvard Business Review, 1992, 70 (2): 70-82.

[190] Wiersema M F, Bantel K A. Top management team demography and corpo-

rate strategic change [J]. Academy of Management Journal, 1992, 35 (1): 91-121.

[191] Winter S G. Schumpeterian competition in alternative technological regimes [J]. Journal of Economic Behavior and Organization, 1984, 5 (3-4): 287-320.

[192] Wolosin R J, Sherman S J, Till A. Effects of cooperation and competition on responsibility attribution after success and failure [J]. Journal of Experimental Social Psychology, 1973, 9 (3): 220-235.

[193] Zander I. Technological diversification in the multinational corporation—historical evolution and future prospects [J]. Research Policy, 1997, 26 (2): 209-227.

[194] Zenger T R. Why do employers only reward extreme performance? Examining the relationships among performance, pay, and turnover [J]. Administrative Science Quarterly, 1992, 37 (2): 198-219.

[195] 白景坤, 丁军霞. 网络能力与双元创新的关系——环境动态性的调节作用 [J]. 科学学与科学技术管理, 2016, 37 (8): 138-148.

[196] 白云涛, 郭菊娥, 席酉民. 高层管理团队风险偏好异质性对战略投资决策影响效应的实验研究 [J]. 南开管理评论, 2007, 10 (2): 25-30+44.

[197] 毕晓方, 李海英, 宋雪如. 高管过度自信对企业创新的影响: 财务冗余的中介作用与调节作用 [J]. 科技进步与对策, 2016, 33 (7): 108-114.

[198] 蔡俊亚, 党兴华. 创业导向与创新绩效: 高管团队特征和市场动态性的影响 [J]. 管理科学, 2015, 28 (5): 42-53.

[199] 蔡霞, 宋哲, 耿修林, 史敏. 社会网络环境下的创新扩散研究述评与展望 [J]. 科学学与科学技术管理, 2017, 38 (4): 73-84.

[200] 岑维, 童娜琼. 管理层过度自信、多元化经营和公司业绩 [J]. 当代经济管理, 2015, 37 (9): 14-19.

[201] 陈传明, 孙俊华. 企业家人口背景特征与多元化战略选择——基于中国上市公司面板数据的实证研究 [J]. 管理世界, 2008, (5): 124-133.

[202] 陈娟. 管理者过度自信、多元化经营与公司绩效的实证研究 [D]. 湖南大学, 2010.

[203] 陈立勇, 周舒凡, 邹思明, 等. 技术多元化对企业绩效的影响 [J]. 中国科技论坛, 2016, (3): 88-92.

[204] 陈强. 高级计量经济学及Stata应用 [M]. 北京: 高等教育出版社, 2014.

[205] 陈凤，吴俊杰．管理者过度自信、董事会结构与企业投融资风险——基于上市公司的经验证据［J］．中国软科学，2014，(6)：109-116.

[206] 程淼．管理者过度自信与多元化经营行为实证研究［D］．东北财经大学，2013.

[207] 淳伟德．高管过度自信是否更倾向于企业规模扩张——基于沪深股市非金融上市公司的经验证据［J］．软科学，2011，25(12)：122-125.

[208] 崔健，史敏，邹奕杰．跨国公司服务外包文献综述及最新进展［J］．科技管理研究，2010，30(2)：25-27+30.

[209] 崔亚莉．研发投入对管理者过度自信与企业绩效关系中介效应研究［D］．哈尔滨工业大学，2015.

[210] 杜江洋．管理者过度自信、企业风险承担与企业价值的关系研究［D］．吉林大学，2016.

[211] 杜增华，胡治国，史敏．产权交易制度在节能降耗领域的应用研究［J］．经济师，2020，(10)：17-18.

[212] 冯军政．企业突破性创新和破坏性创新的驱动因素研究——环境动态性和敌对性的视角［J］．科学学研究，2013，31(9)：1422-1432.

[213] 冯长利，张明月，刘洪涛，等．供应链知识共享与企业绩效关系研究——供应链敏捷性的中介作用和环境动态性的调节作用［J］．管理评论，2015，27(11)：181-191.

[214] 傅家骥．技术创新丛书：技术创新学［M］．北京：清华大学出版社，1998.

[215] 傅强，方文俊．管理者过度自信与并购决策的实证研究［J］．商业经济与管理，2008，198(4)：76-80.

[216] 耿宇宁，燕志鹏，史敏．数字科技进步对中国金融生态环境的机遇与挑战［J］．中北大学学报（社会科学版），2020，36(6)：63-70.

[217] 郭爱芳，陈劲．基于科学/经验的学习对企业创新绩效的影响：环境动态性的调节作用［J］．科研管理，2013，34(6)：1-8.

[218] 韩静，陈志红，杨晓星．高管团队背景特征视角下的会计稳健性与投资效率关系研究［J］．会计研究，2014，(12)：25-31.

[219] 郝盼盼，张信东．融资约束下CEO过度自信是否会导致企业R&D投资扭曲［J］．科技进步与对策，2017，34(2)：147-152.

[220] 郝颖，刘星，林朝南．我国上市公司高管人员过度自信与投资决策的实证研究［J］．中国管理科学，2005，13(5)：142-148.

[221] 何瑞芳．研发联盟技术异质性及冗余资源对企业技术多元化影响研究［D］．湖南大学，2015.

[222] 何郁冰,陈劲.技术多元化研究现状探析与整合框架构建[J].外国经济与管理,2012,34(1):46-56.

[223] 何郁冰,陈劲.企业技术多元化战略影响因素的实证研究[J].技术经济,2010,29(11):1-7+90.

[224] 何郁冰.技术多元化促进企业绩效的机理研究[J].科研管理,2011,32(4):9-18.

[225] 何郁冰.企业技术多样化与企业绩效关系研究[D].浙江大学,2008.

[226] 胡国柳,周德建.股权制衡、管理者过度自信与企业投资过度的实证研究[J].商业经济与管理,2012,251(9):47-55.

[227] 胡国柳,周遂.政治关联、过度自信与非效率投资[J].财经理论与实践,2012,33(6):37-42.

[228] 胡秀群,吕荣胜,曾春华.高管过度自信与现金股利相关性研究——基于融资约束的视角[J].财经理论与实践,2013,34(6):59-64.

[229] 胡秀群,吕荣胜.高管过度自信、过度悲观与股利羊群行为研究[J].商业经济与管理,2013,(7):28-36.

[230] 黄莲琴,傅元略,屈耀辉.管理者过度自信、税盾拐点与公司绩效[J].管理科学,2011a,24(2):10-19.

[231] 黄莲琴,屈耀辉,傅元略.大股东控制、管理层过度自信与现金股利[J].山西财经大学学报,2011b,33(10):105-113.

[232] 贾军,张卓.技术多元化、互补资产与企业绩效[J].研究与发展管理,2012a,24(6):64-72.

[233] 贾军,张卓.技术多元化对企业绩效的影响研究——技术关联的调节效应[J].管理评论,2013,25(8):124-131.

[234] 贾军,张卓.企业技术范围选择:技术多元化还是技术专业化[J].科学学与科学技术管理,2012b,33(11):124-133.

[235] 蒋丽芹,史敏.基于情绪感知的企业捐赠与消费者响应的关系[J].消费经济,2017,33(4):52-58.

[236] 江伟,黎文靖.董事会独立性、管理者过度自信与资本结构决策[J].山西财经大学学报,2009,31(9):64-70.

[237] 江伟.管理者过度自信,融资偏好与公司投资[J].财贸研究,2010,21(1):130-138.

[238] 姜付秀,张敏,陆正飞,等.管理者过度自信、企业扩张与财务困境[J].经济研究,2009,(1):131-143.

[239] 姜马.技术多样化、技术凝聚性对企业绩效影响的实证研究[D].东

南大学,2016.

[240] 孔东民,李天赏,代昀昊. CEO 过度自信与企业创新 [J]. 中大管理研究,2015,10(1):80-101.

[241] 乐怡婷,李慧慧,李健. 高管持股对创新可持续性的影响研究——兼论高管过度自信与产权性质的调节效应 [J]. 科技进步与对策,2017,34(2):139-146.

[242] 雷辉,吴婵. 董事会治理、管理者过度自信与企业并购决策 [J]. 北京理工大学学报(社会科学版),2010,12(4):43-47.

[243] 雷霆,周嘉南. 股权激励、管理者过度自信与权益资本成本 [J]. 财经理论与实践,2015,(1):39-45.

[244] 李端生,周虹. 高管团队特征、垂直对特征差异与内部控制质量 [J]. 审计与经济研究,2017,32(2):24-34.

[245] 李莉,关宇航,顾春霞. 治理监督机制对中国上市公司过度投资行为的影响研究——论代理理论的适用性 [J]. 管理评论,2014,26(5):139-148.

[246] 李诗田,邱伟年. 管理者过度自信与企业创新投入——基于中国民营上市公司的实证研究 [J]. 产经评论,2016,7(4):146-160.

[247] 李世刚. 女性高管、过度自信与上市公司融资偏好——来自中国资本市场的经验证据 [J]. 经济经纬,2014,31(2):92-96.

[248] 李婉丽,谢桂林,郝佳蕴. 管理者过度自信对企业过度投资影响的实证研究 [J]. 山西财经大学学报,2014,36(10):76-86.

[249] 李维安,牛建波,宋笑扬. 董事会治理研究的理论根源及研究脉络评析 [J]. 南开管理评论,2009,12(1):130-145.

[250] 梁上坤. 管理者过度自信、债务约束与成本粘性 [J]. 南开管理评论,2015,18(3):122-131.

[251] 林慧婷,王茂林. 管理者过度自信、创新投入与企业价值 [J]. 经济管理,2014,36(11):94-102.

[252] 刘嫦,杨兴全,李立新. 绩效考核、管理者过度自信与成本费用粘性 [J]. 商业经济与管理,2014,(3):78-87.

[253] 刘彦文,郭杰. 管理者过度自信对企业融资次序的影响研究 [J]. 科研管理,2012,33(11):84-88.

[254] 刘玉强,耿宇宁,史敏. 新兴科技治理中社会组织参与能力的构建——以欧盟 NANOCAP 项目为例 [J]. 未来与发展,2020,44(7):14-21.

[255] 刘昭益. 管理者过度自信对企业多元化经营及绩效影响的实证研究 [D]. 中南大学, 2010.

[256] 罗劲博. 管理者过度自信对公司业绩: 好事还是坏事？——基于会计稳健性视角的经验证据 [J]. 财经研究, 2014, 40 (1): 135-144.

[257] 马富萍, 李太. 高管团队特征、高管团队持股与技术创新的关系研究——基于资源型上市公司的实证检验 [J]. 科学管理研究, 2011, 29 (4): 117-120.

[258] 马润平, 李悦, 杨英, 等. 公司管理者过度自信、过度投资行为与治理机制——来自中国上市公司的证据 [J]. 证券市场导报, 2012, (6): 38-43.

[259] 马文聪, 侯羽, 朱桂龙. 研发投入和人员激励对创新绩效的影响机制——基于新兴产业和传统产业的比较研究 [J]. 科学学与科学技术管理, 2013, 34 (3): 58-68.

[260] 毛珊瑛, 史敏. 浅谈国有企业员工培训存在的问题及建议 [J]. 企业技术开发, 2017, 36 (10): 103-106.

[261] 孟祥展, 张俊瑞, 程子健. 管理者过度自信、会计稳健性与公司多元化 [J]. 当代财经, 2015, (5): 106-118.

[262] 潘清泉, 鲁晓玮. 创业企业创新投入、高管过度自信对企业绩效的影响 [J]. 科技进步与对策, 2017, 34 (1): 98-103.

[263] 潘鑫, 王元地, 金珺. 技术多元化前因探究——基于省级数据的分析 [J]. 科学学与科学技术管理, 2014, 35 (6): 27-33.

[264] 彭耿, 廖凯诚. 股权激励对企业非效率投资行为的影响研究——基于高管过度自信中介效应的视角 [J]. 财经理论与实践, 2016, 37 (4): 44-49.

[265] 彭珊. 管理者过度自信、创新投入与企业价值——基于我国制造业的实证研究 [D]. 厦门大学, 2014.

[266] 饶育蕾, 贾文静. 影响 CEO 过度自信的因素分析——来自我国上市公司的经验证据 [J]. 管理学报, 2011, 8 (8): 1162-1167.

[267] 饶育蕾, 王建新. CEO 过度自信、董事会结构与公司业绩的实证研究 [J]. 管理科学, 2010, 23 (5): 2-13.

[268] 史敏. 管理者过度自信对企业技术多元化的影响研究 [D]. 南京大学, 2017.

[269] 史敏, 蔡霞, 耿修林. 动态环境下企业社会责任、研发投入与债务融资成本——基于中国制造业民营上市公司的实证研究 [J]. 山西财经

大学学报, 2017a, 39 (3): 111-124.

[270] 史敏, 耿修林. 管理者过度自信与企业技术多元化 [J]. 山西财经大学学报, 2017b, 39 (11): 97-110.

[271] 史敏. 2000 年~2006 年我国各地区科技投入与产出实证分析 [J]. 江苏科技信息, 2009, (1): 39-40+85.

[272] 史敏. 服务业企业人力资本与国际化程度的关系研究 [D]. 南京大学, 2011.

[273] 史敏. 基于违背模型的心理契约管理研究 [J]. 管理观察, 2009, (17): 222-223.

[274] 苏晓华, 谢志敏, 夏燕. 技术创新过程中技术多元化与企业绩效的关系——基于中国电子信息行业的实证研究 [J]. 南方经济, 2015, 33 (12): 40-54.

[275] 孙光国, 赵健宇. 产权性质差异、管理层过度自信与会计稳健性 [J]. 会计研究, 2014, (5): 52-58.

[276] 孙艳梅, 郭敏, 韩金晓. 法律外制度、高管过度自信与企业并购行为 [J]. 浙江社会科学, 2016, (1): 36-44.

[277] 唐蓓. 管理者过度自信对上市公司并购投资的影响 [J]. 审计与经济研究, 2010, 25 (5): 77-83.

[278] 汪金爱, 宗芳宇. 国外高阶梯队理论研究新进展: 揭开人口学背景黑箱 [J]. 管理学报, 2011, 8 (8): 1247-1255.

[279] 王娜, 叶玲. 管理者过度自信、产权性质与税收规避——基于我国上市公司的经验证据 [J]. 山西财经大学学报, 2013, 35 (6): 81-90.

[280] 王山慧, 王宗军, 田原. 管理者过度自信、自由现金流与上市公司多元化 [J]. 管理工程学报, 2015, 29 (2): 103-111.

[281] 王山慧, 王宗军, 田原. 管理者过度自信与企业技术创新投入关系研究 [J]. 科研管理, 2013, 34 (5): 1-9.

[282] 王铁男, 王宇. 信息技术投资、CEO 过度自信与公司绩效 [J]. 管理评论, 2017, 29 (1): 70-81.

[283] 王文华, 张卓, 陈玉荣, 等. 基于技术整合的技术多元化与企业绩效研究 [J]. 科学学研究, 2015a, 33 (2): 279-286.

[284] 王文华, 张卓, 汪锋, 等. 技术多元化与企业绩效——环境动荡性和内部研发的调节作用 [J]. 预测, 2015b, 34 (5): 1-7.

[285] 王霞, 张敏, 于富生. 管理者过度自信与企业投资行为异化——来自我国证券市场的经验证据 [J]. 南开管理评论, 2008, 11 (2): 77-83.

[286] 王永贵，邢金刚，李元. 战略柔性与竞争绩效：环境动荡性的调节效应 [J]. 管理科学学报，2004，7（6）：70-78.

[287] 王永贵. 战略柔性、环境动态与基于顾客价值的竞争优势——动态环境下中国企业对抗跨国巨头的制胜谋略 [J]. 南大商学评论，2004，(1)：56-74.

[288] 王元地，刘凤朝，陈劲，等. 技术距离与技术引进企业技术多元化发展关系研究 [J]. 科研管理，2015，36（2）：11-18.

[289] 卫志民. 微观经济学 [M]. 北京：高等教育出版社，2011.

[290] 温忠麟，侯杰泰，张雷. 调节效应与中介效应的比较和应用 [J]. 心理学报，2005，37（2）：268-274.

[291] 温忠麟，叶宝娟. 中介效应分析：方法和模型发展 [J]. 心理科学进展，2014，22（5）：731-745.

[292] 文芳，汤四新. 薪酬激励与管理者过度自信——基于薪酬行为观的研究 [J]. 财经研究，2012，38（9）：48-58.

[293] 文芳. 管理者政治联系与过度自信 [J]. 中国经济问题，2011，(1)：82-92.

[294] 邬晓婧，郭淑娟. 财务柔性、高管过度自信与技术创新投入关系 [J]. 企业经济，2016，35（11）：35-40.

[295] 吴超鹏，吴世农，郑方镳. 管理者行为与连续并购绩效的理论与实证研究 [J]. 管理世界，2008，(7)：126-133.

[296] 吴晓波，徐松屹，苗文斌，等. 西方动态能力理论述评 [J]. 国外社会科学，2006，(2)：18-25.

[297] 夏欢欢. 高管过度自信与企业多元化的动因研究 [D]. 西南交通大学，2008.

[298] 肖峰雷，李延喜，栾庆伟. 管理者过度自信与公司财务决策实证研究 [J]. 科研管理，2011，32（8）：151-160.

[299] 谢勒 F M. 技术创新：经济增长的原动力 [M]. 姚贤涛，王倩，译. 北京：新华出版社，2001.

[300] 谢玲红，刘善存，邱菀华. 管理者过度自信对并购绩效的影响——基于群体决策视角的分析和实证 [J]. 数理统计与管理，2012，31（1）：122-133.

[301] 徐朝辉，周宗放. 管理者过度自信对企业信用风险的影响机制 [J]. 科研管理，2016，37（9）：136-144.

[302] 徐娟. 基于二元技术能力调节作用的技术多元化与企业绩效 [J]. 管理

学报, 2017, 14 (1): 63-68.

[303] 徐娟. 技术多元化、核心技术能力与企业绩效——来自新能源汽车行业上市公司的面板数据 [J]. 经济管理, 2016, 38 (12): 74-88.

[304] 许致维. 管理者过度自信导致企业过度投资的实证分析——来自中国制造业上市公司 2008-2011 年的经验证据 [J]. 财经科学, 2013, (9): 51-60.

[305] 亚当·斯密. 国民财富的性质和原因的研究 [M]. 郭大力, 王亚南, 译. 北京: 商务印书馆, 1972.

[306] 严焰, 池仁勇. R&D 投入、技术获取模式与企业创新绩效——基于浙江省高技术企业的实证 [J]. 科研管理, 2013, 34 (5): 48-55.

[307] 阎婧, 刘志迎, 郑晓峰. 环境动态性调节作用下的变革型领导、商业模式创新与企业绩效 [J]. 管理学报, 2016, 13 (8): 1208-1214.

[308] 杨玉波, 范福超, 李备友. TMT 特征对高技术企业技术多元化与绩效关系影响研究 [J]. 山东社会科学, 2015, (8): 161-167.

[309] 叶蓓, 袁建国. 管理者信心、企业投资与企业价值：基于我国上市公司的经验证据 [J]. 中国软科学, 2008, (2): 97-108.

[310] 叶玲, 王亚星. 管理者过度自信、企业投资与企业绩效——基于我国 A 股上市公司的实证检验 [J]. 山西财经大学学报, 2013, 35 (1): 116-124.

[311] 易靖韬, 张修平, 王化成. 企业异质性、高管过度自信与企业创新绩效 [J]. 南开管理评论, 2015, 18 (6): 101-112.

[312] 于富生, 张胜, 李岩. 管理者过度自信与权益资本成本——来自我国证券市场的经验证据 [J]. 审计与经济研究, 2011, 26 (1): 72-80.

[313] 于长宏, 原毅军. CEO 过度自信与企业创新 [J]. 系统工程学报, 2015, 30 (5): 636-641.

[314] 余明桂, 李文贵, 潘红波. 管理者过度自信与企业风险承担 [J]. 金融研究, 2013, (1): 149-163.

[315] 余明桂, 夏新平, 邹振松. 管理者过度自信与企业激进负债行为 [J]. 管理世界, 2006, (8): 104-112.

[316] 约瑟夫·熊彼特. 经济发展理论 [M]. 何畏, 易家详, 译. 北京: 商务印书馆, 1990.

[317] 曾德明, 邹思明, 张运生. 网络位置、技术多元化与企业在技术标准制定中的影响力研究 [J]. 管理学报, 2015, 12 (2): 198-206.

[318] 翟淑萍, 顾群, 毕晓方. 管理者过度自信对企业创新投入与方式的影响研究 [J]. 科技管理研究, 2015, (11): 144-146.

[319] 张劲. 技术多元化对企业绩效影响研究 [D]. 南京航空航天大学, 2015.

[320] 张庆垒, 刘春林, 施建军. 动荡环境下技术多元化与企业绩效关系 [J]. 管理学报, 2014b, 11 (12): 1818-1825.

[321] 张庆垒, 刘春林, 施建军. 技术多元化与企业绩效关系的实证研究——行业竞争互动的调节作用 [J]. 科学学与科学技术管理, 2014a, 35 (9): 111-119.

[322] 张庆垒, 施建军, 刘春林. 技术多元化、冗余资源与企业绩效关系研究 [J]. 科研管理, 2015, 36 (11): 21-28.

[323] 张庆垒, 郑莹, 任华亮, 等. 技术多元化与企业绩效关系 [J]. 中国科技论坛, 2016, (5): 65-71.

[324] 张荣武, 刘文秀. 管理者过度自信与盈余管理的实证研究 [J]. 财经理论与实践, 2008, 29 (1): 72-77.

[325] 张信东, 郝盼盼. 企业创新投入的原动力: CEO个人品质还是早年经历——基于CEO过度自信品质与早年饥荒经历的对比 [J]. 上海财经大学学报 (哲学社会科学版), 2017, 19 (1): 61-74.

[326] 张映红. 动态环境对公司创业战略与绩效关系的调节效应研究 [J]. 中国工业经济, 2008, (1): 105-113.

[327] 章细贞, 张欣. 管理者过度自信、公司治理与企业过度投资 [J]. 中南大学学报 (社会科学版), 2014, 20 (1): 15-22.

[328] 郑朝然. 技术多元化对企业绩效和价值的影响研究 [D]. 华中科技大学, 2014.

[329] 周斌, 罗建, 史敏, 李维思. 面向企业新产品开发的技术转移情报服务模式研究 [J]. 情报理论与实践, 2019, 42 (1): 70-74.

[330] 周海军, 邹奕杰, 史敏. "天生全球化"研究文献综述——基于企业家视角的梳理 [J]. 科技管理研究, 2010, 30 (2): 128-131.

[331] 周杰, 薛有志. 治理主体干预对公司多元化战略的影响路径——基于管理者过度自信的间接效应检验 [J]. 南开管理评论, 2011, 14 (1): 65-74.

[332] 周磊, 杨威. 相关性视角下基于信息熵的技术多元化测量研究 [J]. 情报杂志, 2015, 34 (6): 178-182.

[333] 周舒凡. 吸收能力与环境动荡性视角下技术多元化对企业绩效的影响研究 [D]. 湖南大学, 2016.

[334] 周雯琦. 技术多元化对企业创新绩效的影响因素分析 [D]. 浙江大

学，2007.

[335] 朱国军，吴价宝，董诗笑，等．高管团队人口特征、激励与创新绩效的关系研究——来自中国创业板上市公司的实证研究［J］．中国科技论坛，2013，1（6）：143-150.

[336] 朱磊，韩雪，王春燕．股权结构、管理者过度自信与企业创新绩效——来自中国A股高科技企业的经验证据［J］．软科学，2016，30（12）：100-103.